KROSTIK KRAZE

PUZZLE BOOK

A new style of crostic puzzle

VOLUME 1

Leonard A. Paquette

Krostik Kraze Puzzle Book - Volume 1

by Leonard A. Paquette

TABLE OF CONTENTS

INTRODUCTION

How to Solve a Krostik Kraze Puzzle

What is a Krostik Kraze puzzle? It resembles a traditional crostic or anacrostic word puzzle, but there's a twist. With a traditional crostic puzzle, you would solve 20 or 25 crossword-like clues to reveal a long quotation from a work of literature. But with a Krostik Kraze puzzle, you will solve several smaller crostics which are linked together in a larger puzzle. Each crostic will contain 4 or 5 clues whose answers provide the letters that reveal a fact in sentence form about a common theme shared by all crostics on that page. When the entire puzzle has been completed, the first letter of each answer will identify the theme that each fact sentence has in common.

For this volume of Krostik Kraze, I have designed 50 crostics among 8 different categories. There are 10 puzzles in the Television and Movies categories, and 5 puzzles in each of the Geography, Science, Sports, History, Literature and Music categories.

Review the instructions on the next two pages that outline the steps for solving a sample Krostik Kraze puzzle. You can also download a PDF version of this puzzle from my website at **jelmobileapps.com**.

I hope that you enjoy Volume 1 and I look forward to bringing you Volume 2.

Happy solving!

Leonard

Acknowledgments

Many thanks to Jonathan and Katherine Paquette for their technical review and assistance with the cover design, and to my granddaughter Ava, for the fun we have together when I am not constructing puzzles.

Dedication

To my wife Erica, who reminds me each day what is important in life and whom I will cherish forever.

SAMPLE PUZZLE

❶ Let's walk through a sample puzzle from the Geography category. We first answer some of the easier clues in Group A. As we fill in the letters for the words "NOTATION" and "AORTA", we copy the same letters to the corresponding numbered tiles in the fact sentence line of Group A.

❷ We continue to answer clues in Groups B, C, and D and to copy letters to the sentences. In Group B, we fill in "ANDREWS" and "NAILED", and for Group C, "OMISSION", "VANISH", and "IMITATE". For Group D, we fill in "NEAR" and "EDITION". For each answer, we copy its letters to the related sentence.

❸ Now we look for word patterns in the fact sentences. At the start of the Group C sentence, we see the letters "NOVAS_O_I_". This looks like it could be "NOVA SCOTIA", and so we fill in letters "C", "T" and "A" and copy these 3 letters to their numbered tiles adjacent to the Group C word clues.

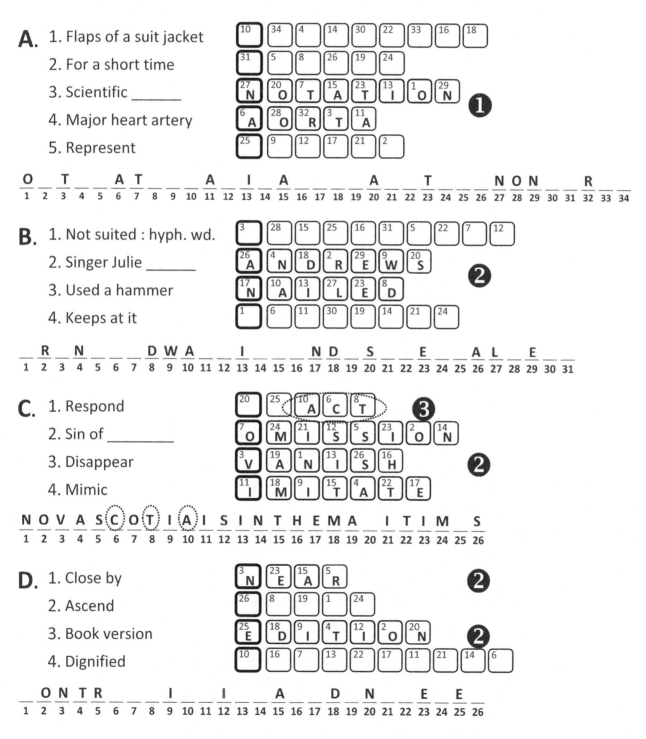

A.
1. Flaps of a suit jacket
2. For a short time
3. Scientific _____
4. Major heart artery
5. Represent

```
O _ T _ A T _ _ _ A _ I _ A _ _ _ _ A _ _ _ T _ _ _ N O N _ _ R _ _
1 2 3 4 5 6 7 8 9 10 11 12 13 14 15 16 17 18 19 20 21 22 23 24 25 26 27 28 29 30 31 32 33 34
```

B.
1. Not suited : hyph. wd.
2. Singer Julie _____
3. Used a hammer
4. Keeps at it

```
_ R _ N _ _ _ D W A _ _ I _ _ _ N D _ S _ E _ _ A L _ E _ _
1 2 3 4 5 6 7 8 9 10 11 12 13 14 15 16 17 18 19 20 21 22 23 24 25 26 27 28 29 30 31
```

C.
1. Respond
2. Sin of _____
3. Disappear
4. Mimic

```
N O V A S C O T I A I S I N T H E M A _ I T I M _ S
1 2 3 4 5 6 7 8 9 10 11 12 13 14 15 16 17 18 19 20 21 22 23 24 25 26
```

D.
1. Close by
2. Ascend
3. Book version
4. Dignified

```
_ O N T R _ _ _ I _ _ I _ A _ _ D _ N _ _ E _ E _
1 2 3 4 5 6 7 8 9 10 11 12 13 14 15 16 17 18 19 20 21 22 23 24 25 26
```

SAMPLE PUZZLE

❹ Once we've solved some clues and word patterns, we can often guess what the theme is for the puzzle to help us find the first letter for the remaining clues. We see the letters "_ _ OVIN_E_" and guess that the word is likely "PROVINCES". Since "NOVA SCOTIA" is in Canada, we can see that "CANADIAN" also fits as the first word and so we fill in the missing letters of the theme into the answers and sentences.

❺ We now have at least the first letter for all answers. For example, a 5-letter word for "Ascend" starting with a "C"? That's "CLIMB". A 7-letter word for "Keeps at it" starting with a "P"? That's "PERSISTS".

❻ When all clues are answered correctly, the sentences will reveal facts pertaining to our puzzle theme which is "Canadian Provinces". We have A: "Ottawa, the capital, is located in Ontario", B: "Prince Edward Island is the smallest", C: "Nova Scotia is in the Maritimes", and D: "Montreal is situated in Quebec".

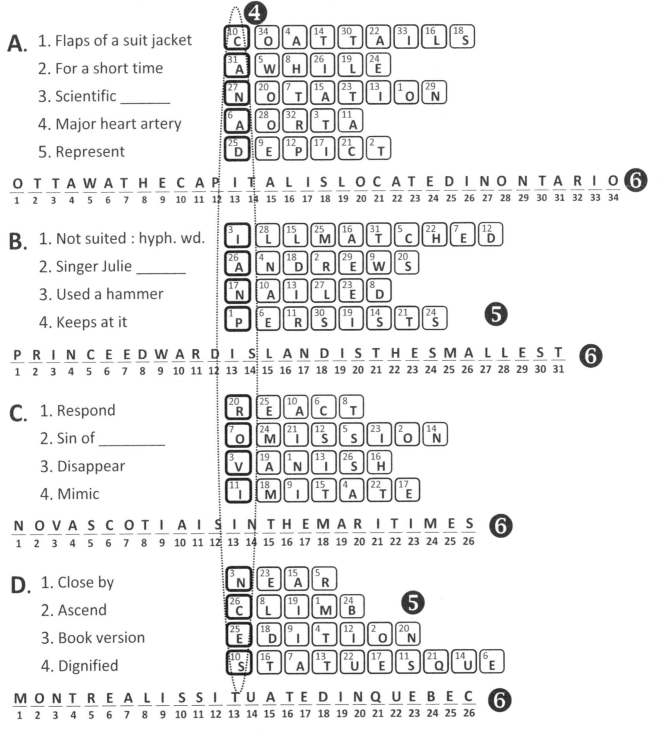

A.
1. Flaps of a suit jacket
2. For a short time
3. Scientific _____
4. Major heart artery
5. Represent

O T T A W A T H E C A P I T A L I S L O C A T E D I N O N T A R I O ❻
1 2 3 4 5 6 7 8 9 10 11 12 13 14 15 16 17 18 19 20 21 22 23 24 25 26 27 28 29 30 31 32 33 34

B.
1. Not suited : hyph. wd.
2. Singer Julie _____
3. Used a hammer
4. Keeps at it

P R I N C E E D W A R D I S L A N D I S T H E S M A L L E S T ❻
1 2 3 4 5 6 7 8 9 10 11 12 13 14 15 16 17 18 19 20 21 22 23 24 25 26 27 28 29 30 31

C.
1. Respond
2. Sin of _____
3. Disappear
4. Mimic

N O V A S C O T I A I S I N T H E M A R I T I M E S ❻
1 2 3 4 5 6 7 8 9 10 11 12 13 14 15 16 17 18 19 20 21 22 23 24 25 26

D.
1. Close by
2. Ascend
3. Book version
4. Dignified

M O N T R E A L I S S I T U A T E D I N Q U E B E C ❻
1 2 3 4 5 6 7 8 9 10 11 12 13 14 15 16 17 18 19 20 21 22 23 24 25 26

TELEVISION PUZZLE 1

A.
1. Sightseer
2. Cuts down
3. Necessities
4. Presents as a gift
5. Young birds of prey

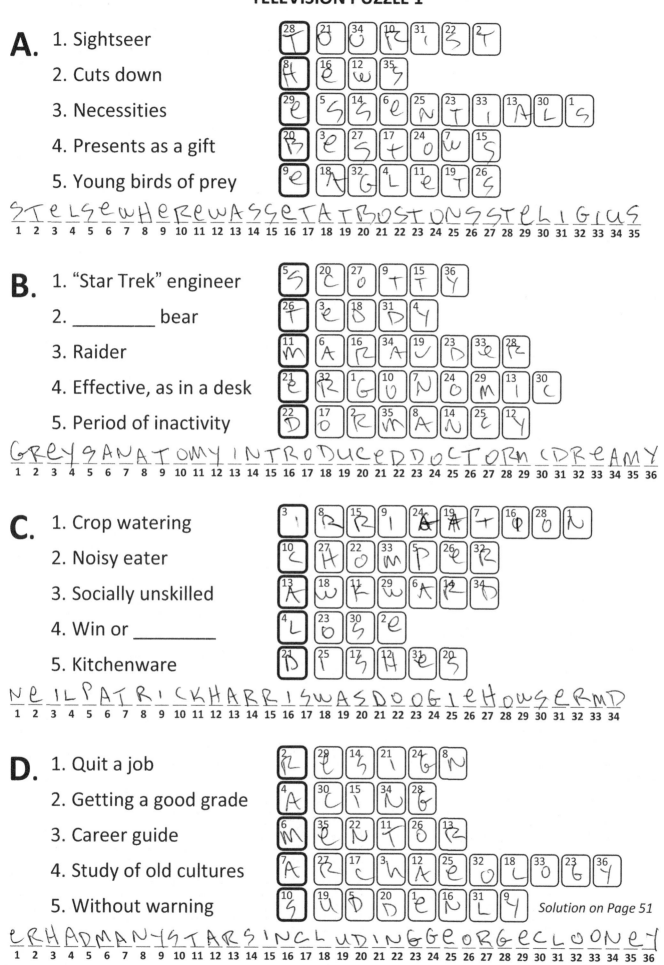

A.1 — T O U R I S T (28 21 34 10 31 22 2)
A.2 — H E W S (8 16 12 35)
A.3 — E S S E N T I A L S (29 5 14 6 25 23 33 13 30 1)
A.4 — B E S T O W S (20 3 27 17 24 7 15)
A.5 — E A G L E T S (9 18 32 4 11 19 26)

Quote: S T E L S E W H E R E W A S S E T A T B O S T O N S S T E L I G I U S
1 2 3 4 5 6 7 8 9 10 11 12 13 14 15 16 17 18 19 20 21 22 23 24 25 26 27 28 29 30 31 32 33 34 35

B.
1. "Star Trek" engineer
2. _____ bear
3. Raider
4. Effective, as in a desk
5. Period of inactivity

B.1 — S C O T T Y (5 20 27 9 15 36)
B.2 — T E D D Y (26 3 18 31 4)
B.3 — M A R A U D E R (11 6 16 34 19 23 33 28)
B.4 — E R G O N O M I C (21 32 1 10 7 24 29 13 30)
B.5 — D O R M A N C Y (22 17 2 35 8 14 25 12)

Quote: G R E Y S A N A T O M Y I N T R O D U C E D D O C T O R M C D R E A M Y
1 2 3 4 5 6 7 8 9 10 11 12 13 14 15 16 17 18 19 20 21 22 23 24 25 26 27 28 29 30 31 32 33 34 35 36

C.
1. Crop watering
2. Noisy eater
3. Socially unskilled
4. Win or _____
5. Kitchenware

C.1 — I R R I G A T I O N (3 8 15 9 24 19 7 16 28 1)
C.2 — C H O M P E R (10 27 22 33 26 32)
C.3 — A W K W A R D (13 18 11 29 6 14 34)
C.4 — L O S E (4 23 30 2)
C.5 — D I S H E S (21 25 17 12 31 20)

Quote: N E I L P A T R I C K H A R R I S W A S D O O G I E H O W S E R M D
1 2 3 4 5 6 7 8 9 10 11 12 13 14 15 16 17 18 19 20 21 22 23 24 25 26 27 28 29 30 31 32 33 34

D.
1. Quit a job
2. Getting a good grade
3. Career guide
4. Study of old cultures
5. Without warning

D.1 — R E S I G N (2 29 14 21 24 8)
D.2 — A C I N G (4 30 15 34 28)
D.3 — M E N T O R (6 35 22 11 26 13)
D.4 — A R C H A E O L O G Y (7 27 17 3 12 25 32 18 33 23 36)
D.5 — S U D D E N L Y (10 19 20 1 16 31 9)

Solution on Page 51

Quote: E R H A D M A N Y S T A R S I N C L U D I N G G E O R G E C L O O N E Y
1 2 3 4 5 6 7 8 9 10 11 12 13 14 15 16 17 18 19 20 21 22 23 24 25 26 27 28 29 30 31 32 33 34 35 36

MOVIES PUZZLE 1

A.
1. Difficult to solve
2. Logged in illegally
3. Sign up for : 2 wds.
4. Extends across
5. Live in

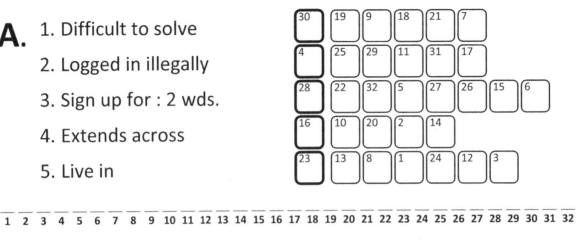

30	19	9	18	21	7
4	25	29	11	31	17
28	22	32	5	27	26	15	6
16	10	20	2	14
23	13	8	1	24	12	3

```
 1  2  3  4  5  6  7  8  9 10 11 12 13 14 15 16 17 18 19 20 21 22 23 24 25 26 27 28 29 30 31 32
```

B.
1. "True _____" : film
2. Get rid of
3. Most clever
4. Persuading
5. Baseball mistakes

32	4	20	13
5	11	23	3	12	21	30	14	27
34	25	6	29	17	10	28	9
26	16	1	7	22	33	18	35
19	15	31	2	24	8

```
 1  2  3  4  5  6  7  8  9 10 11 12 13 14 15 16 17 18 19 20 21 22 23 24 25 26 27 28 29 30 31 32 33 34 35
```

C.
1. Strangely
2. "_____ Blood" : film
3. Stiffen
4. "Titanic" composer James
5. Rolled tortilla

5	12	20	11	7
17	28	22	14	30
3	8	13	26	25	19	32
4	31	16	2	9	18
21	6	24	27	23	29	10	15	1

```
 1  2  3  4  5  6  7  8  9 10 11 12 13 14 15 16 17 18 19 20 21 22 23 24 25 26 27 28 29 30 31 32
```

D.
1. Shanty : hyph. wd.
2. Big continent
3. Manilow song girl
4. Big wave
5. Run at top speed

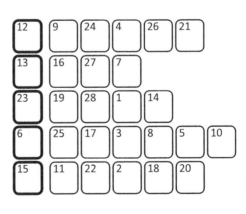

12	9	24	4	26	21
13	16	27	7
23	19	28	1	14
6	25	17	3	8	5	10
15	11	22	2	18	20

Solution on Page 53

```
 1  2  3  4  5  6  7  8  9 10 11 12 13 14 15 16 17 18 19 20 21 22 23 24 25 26 27 28
```

GEOGRAPHY PUZZLE 1

A.
1. Compared — C I L e N e D
2. Spring month — A p r I L
3. Overly curious — N O S Y
4. Resistance — D e f i A N c e

C A P e K e N N e D Y L I e S I N F L O R I D A
1 2 3 4 5 6 7 8 9 10 11 12 13 14 15 16 17 18 19 20 21 22 23 24

B.
1. Untidy
2. Genuine
3. _____ mortis
4. Expertise : hyph. wd.
5. African excursion

1 2 3 4 5 6 7 8 9 10 11 12 13 14 15 16 17 18 19 20 21 22 23 24 25 26 27 28 29 30 31 32

C.
1. Not paid on time
2. Magazine type
3. Nearby : 2 wds.
4. Went closer : 2 wds.

1 2 3 4 5 6 7 8 9 10 11 12 13 14 15 16 17 18 19 20 21 22 23 24 25 26 27

D.
1. Captain Picard order
2. Make another offer
3. Establishing slowly
4. Presided over
5. Happening now

Solution on Page 55

1 2 3 4 5 6 7 8 9 10 11 12 13 14 15 16 17 18 19 20 21 22 23 24 25 26 27 28 29 30 31 32 33

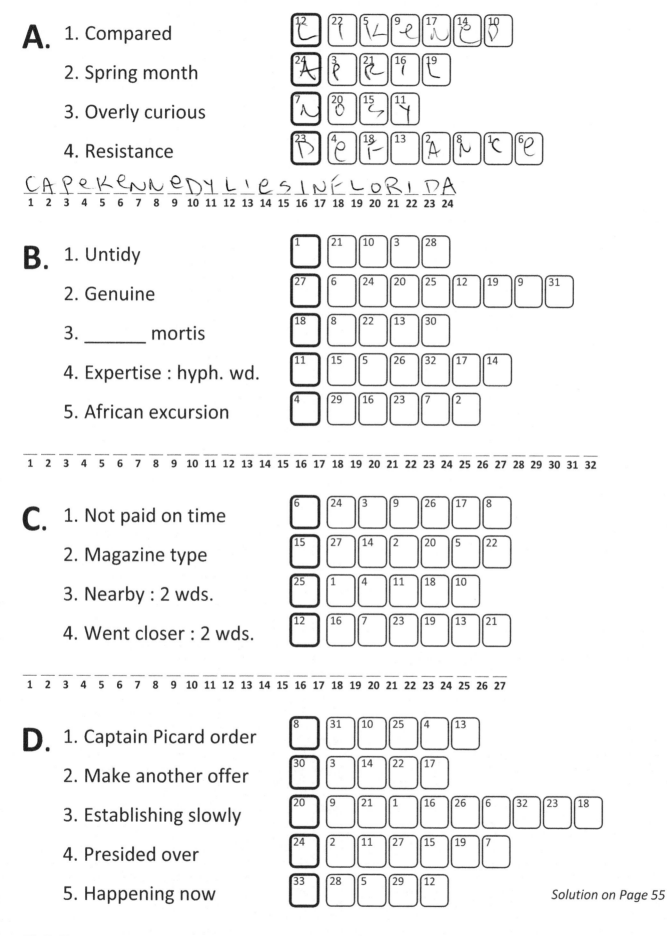

SCIENCE PUZZLE 1

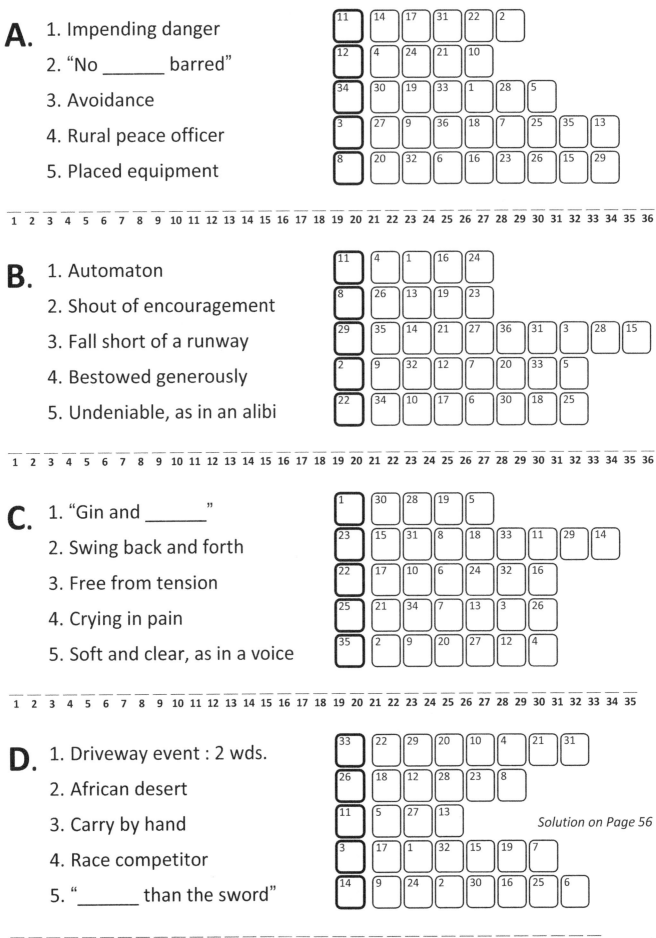

A.
1. Impending danger
2. "No _____ barred"
3. Avoidance
4. Rural peace officer
5. Placed equipment

11	14	17	31	22	2
12	4	24	21	10
34	30	19	33	1	28	5
3	27	9	36	18	7	25	35	13
8	20	32	6	16	23	26	15	29

1 2 3 4 5 6 7 8 9 10 11 12 13 14 15 16 17 18 19 20 21 22 23 24 25 26 27 28 29 30 31 32 33 34 35 36

B.
1. Automaton
2. Shout of encouragement
3. Fall short of a runway
4. Bestowed generously
5. Undeniable, as in an alibi

11	4	1	16	24
8	26	13	19	23
29	35	14	21	27	36	31	3	28	15
2	9	32	12	7	20	33	5
22	34	10	17	6	30	18	25

1 2 3 4 5 6 7 8 9 10 11 12 13 14 15 16 17 18 19 20 21 22 23 24 25 26 27 28 29 30 31 32 33 34 35 36

C.
1. "Gin and _____"
2. Swing back and forth
3. Free from tension
4. Crying in pain
5. Soft and clear, as in a voice

1	30	28	19	5
23	15	31	8	18	33	11	29	14
22	17	10	6	24	32	16
25	21	34	7	13	3	26
35	2	9	20	27	12	4

1 2 3 4 5 6 7 8 9 10 11 12 13 14 15 16 17 18 19 20 21 22 23 24 25 26 27 28 29 30 31 32 33 34 35

D.
1. Driveway event : 2 wds.
2. African desert
3. Carry by hand
4. Race competitor
5. "_____ than the sword"

33	22	29	20	10	4	21	31
26	18	12	28	23	8
11	5	27	13
3	17	1	32	15	19	7
14	9	24	2	30	16	25	6

Solution on Page 56

1 2 3 4 5 6 7 8 9 10 11 12 13 14 15 16 17 18 19 20 21 22 23 24 25 26 27 28 29 30 31 32 33

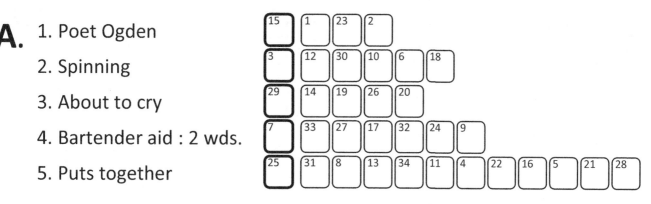

A.
1. Poet Ogden
2. Spinning
3. About to cry
4. Bartender aid : 2 wds.
5. Puts together

15	1	23	2
3	12	30	10	6	18
29	14	19	26	20
7	33	27	17	32	24	9
25	31	8	13	34	11	4	22	16	5	21	28

‾ ‾
1 2 3 4 5 6 7 8 9 10 11 12 13 14 15 16 17 18 19 20 21 22 23 24 25 26 27 28 29 30 31 32 33 34

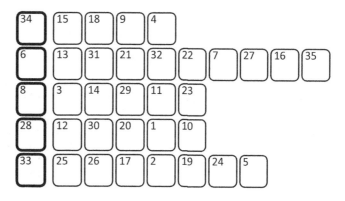

B.
1. Pays attention to
2. Kitchen machines
3. Thing of the past
4. Egg shaped wall sitter
5. Outgrowth

34	15	18	9	4
6	13	31	21	32	22	7	27	16	35
8	3	14	29	11	23
28	12	30	20	1	10
33	25	26	17	2	19	24	5

‾ ‾
1 2 3 4 5 6 7 8 9 10 11 12 13 14 15 16 17 18 19 20 21 22 23 24 25 26 27 28 29 30 31 32 33 34 35

C.
1. Ink capsules
2. Tangling
3. Chemical catalyst
4. Rambling tales
5. Freedom to adjust

24	2	15	30	7	31	18	29	5	23
11	4	25	9	32	27	16	6
13	28	10	3	19	34
22	14	26	21	35
33	8	17	1	20	12

‾ ‾
1 2 3 4 5 6 7 8 9 10 11 12 13 14 15 16 17 18 19 20 21 22 23 24 25 26 27 28 29 30 31 32 33 34 35

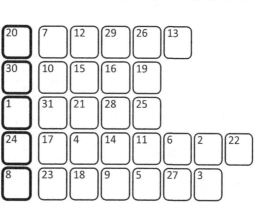

D.
1. Makes happy
2. Knight wear
3. Hold firmly
4. Illegal
5. River mouth

20	7	12	29	26	13
30	10	15	16	19
1	31	21	28	25
24	17	4	14	11	6	2	22
8	23	18	9	5	27	3

Solution on Page 57

‾ ‾
1 2 3 4 5 6 7 8 9 10 11 12 13 14 15 16 17 18 19 20 21 22 23 24 25 26 27 28 29 30 31

TELEVISION PUZZLE 2

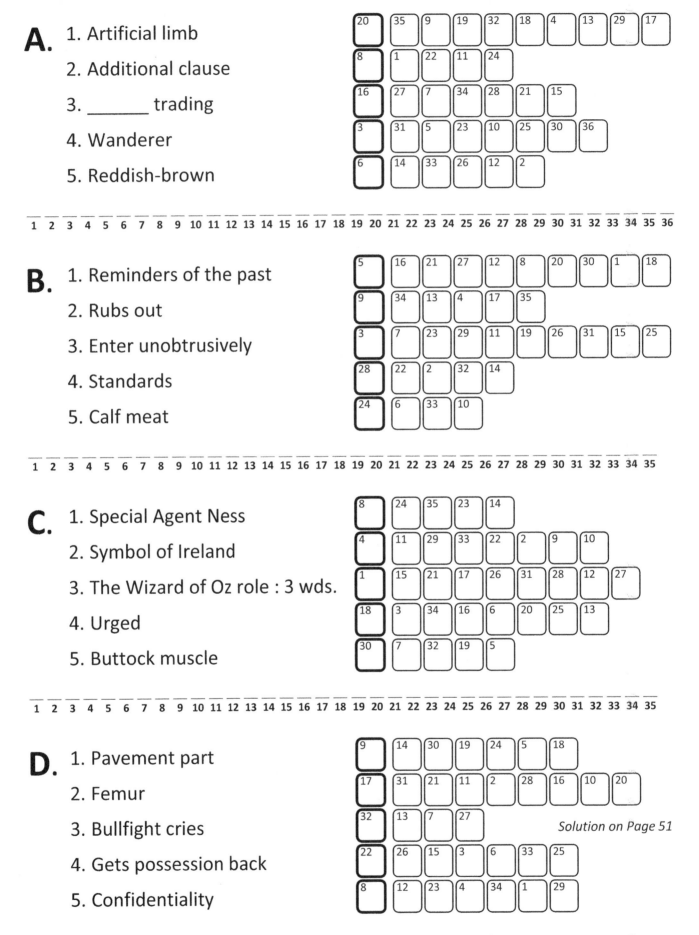

A.
1. Artificial limb
2. Additional clause
3. _____ trading
4. Wanderer
5. Reddish-brown

20	35	9	19	32	18	4	13	29	17
8	1	22	11	24					
16	27	7	34	28	21	15			
3	31	5	23	10	25	30	36		
6	14	33	26	12	2				

1 2 3 4 5 6 7 8 9 10 11 12 13 14 15 16 17 18 19 20 21 22 23 24 25 26 27 28 29 30 31 32 33 34 35 36

B.
1. Reminders of the past
2. Rubs out
3. Enter unobtrusively
4. Standards
5. Calf meat

5	16	21	27	12	8	20	30	1	18
9	34	13	4	17	35				
3	7	23	29	11	19	26	31	15	25
28	22	2	32	14					
24	6	33	10						

1 2 3 4 5 6 7 8 9 10 11 12 13 14 15 16 17 18 19 20 21 22 23 24 25 26 27 28 29 30 31 32 33 34 35

C.
1. Special Agent Ness
2. Symbol of Ireland
3. The Wizard of Oz role : 3 wds.
4. Urged
5. Buttock muscle

8	24	35	23	14				
4	11	29	33	22	2	9	10	
1	15	21	17	26	31	28	12	27
18	3	34	16	6	20	25	13	
30	7	32	19	5				

1 2 3 4 5 6 7 8 9 10 11 12 13 14 15 16 17 18 19 20 21 22 23 24 25 26 27 28 29 30 31 32 33 34 35

D.
1. Pavement part
2. Femur
3. Bullfight cries
4. Gets possession back
5. Confidentiality

9	14	30	19	24	5	18	
17	31	21	11	2	28	16	10	20
32	13	7	27				
22	26	15	3	6	33	25	
8	12	23	4	34	1	29	

Solution on Page 51

1 2 3 4 5 6 7 8 9 10 11 12 13 14 15 16 17 18 19 20 21 22 23 24 25 26 27 28 29 30 31 32 33 34

MOVIES PUZZLE 2

A.
1. Joists
2. Senior facility : 3 wds.
3. _____ motive
4. Oxidizes
5. Captured

32	22	13	7	36							
34	25	16	4	20	28	35	14	2	17	30	11
26	6	24	15	10	5	33	23				
19	29	8	1	31							
18	9	21	12	3	27						

1 2 3 4 5 6 7 8 9 10 11 12 13 14 15 16 17 18 19 20 21 22 23 24 25 26 27 28 29 30 31 32 33 34 35 36

B.
1. Food items
2. Sent a letter
3. "Quick _____" : 3 wds.
4. Landscapes
5. Assured : 3 wds.

19	28	9	36	21	3	10		
24	4	31	13	6	32			
12	22	11	2	34	14	18	29	33
30	16	27	8	23	17			
26	7	1	15	25	35	20	5	

1 2 3 4 5 6 7 8 9 10 11 12 13 14 15 16 17 18 19 20 21 22 23 24 25 26 27 28 29 30 31 32 33 34 35 36

C.
1. Happen afterward
2. Pollinate
3. Stands up
4. Assault
5. Sustenance

36	24	13	32	20						
14	27	7	35	15	33	4	11	21		
16	23	31	5	17						
34	10	18	2	28	6					
22	29	9	3	12	19	26	1	8	30	25

1 2 3 4 5 6 7 8 9 10 11 12 13 14 15 16 17 18 19 20 21 22 23 24 25 26 27 28 29 30 31 32 33 34 35 36

D.
1. Cloudy eye areas
2. Small settlement
3. Significant
4. "Thou ____ not steal"
5. Took pleasure in

28	6	20	12	31	2	33	3	17
29	16	7	26	35	23			
24	1	10	18	36	4	30	19	34
14	21	32	11	25				
22	9	15	8	13	27	5		

Solution on Page 53

1 2 3 4 5 6 7 8 9 10 11 12 13 14 15 16 17 18 19 20 21 22 23 24 25 26 27 28 29 30 31 32 33 34 35 36

HISTORY PUZZLE 1

A.
1. Milk makers
2. German currency
3. Stone memorial
4. _____ Beethoven : 2 wds.
5. Currently : 3 wds.

Row 1: 10 7 23 27 13 28 5
Row 2: 18 32 12 35
Row 3: 24 19 1 22 14
Row 4: 31 11 8 3 34 15 29 4 36
Row 5: 25 2 33 17 21 6 30 20 9 26 16

1 2 3 4 5 6 7 8 9 10 11 12 13 14 15 16 17 18 19 20 21 22 23 24 25 26 27 28 29 30 31 32 33 34 35 36

B.
1. Registered again
2. Crocheted blanket
3. Rotational force
4. Provide with pictures
5. Make eyes at

Row 1: 26 13 7 33 30 28 1 35 12
Row 2: 5 24 3 21 27 8
Row 3: 22 25 18 14 4 11
Row 4: 19 29 17 15 23 2 6 16 9 31
Row 5: 32 20 34 10

1 2 3 4 5 6 7 8 9 10 11 12 13 14 15 16 17 18 19 20 21 22 23 24 25 26 27 28 29 30 31 32 33 34 35

C.
1. Mother _____
2. Appoint as priest
3. Passed stolen goods
4. Public personas
5. Late hours work : 2 wds.

Row 1: 30 4 34 14 25 6
Row 2: 13 7 16 21 28 11
Row 3: 20 24 15 9 3 32
Row 4: 33 5 10 19 31 26
Row 5: 18 8 29 2 22 27 23 17 12 1

1 2 3 4 5 6 7 8 9 10 11 12 13 14 15 16 17 18 19 20 21 22 23 24 25 26 27 28 29 30 31 32 33 34

D.
1. Avoid a closed road
2. Very happy
3. Collins and Mickelson
4. The 34th U.S. President
5. Worthy of attention

Row 1: 17 3 29 5 34 27
Row 2: 25 4 11 18 13 1 9 22
Row 3: 24 32 28 6 31
Row 4: 16 30 21 36 14 2 7 12 20 33
Row 5: 8 19 15 23 26 35 10

1 2 3 4 5 6 7 8 9 10 11 12 13 14 15 16 17 18 19 20 21 22 23 24 25 26 27 28 29 30 31 32 33 34 35 36

E.
1. Brent Spiner role
2. Authorize to receive
3. Person next door
4. Eye wrinkles : hyph. wd.
5. Female ruler

Solution is on Page 58

Row 1: 32 24 6 17
Row 2: 26 34 18 10 1 16 29
Row 3: 12 22 31 11 7 21 3 20
Row 4: 23 28 4 2 30 5 8 19 35
Row 5: 13 25 27 14 33 9 15

1 2 3 4 5 6 7 8 9 10 11 12 13 14 15 16 17 18 19 20 21 22 23 24 25 26 27 28 29 30 31 32 33 34 35

LITERATURE PUZZLE 1

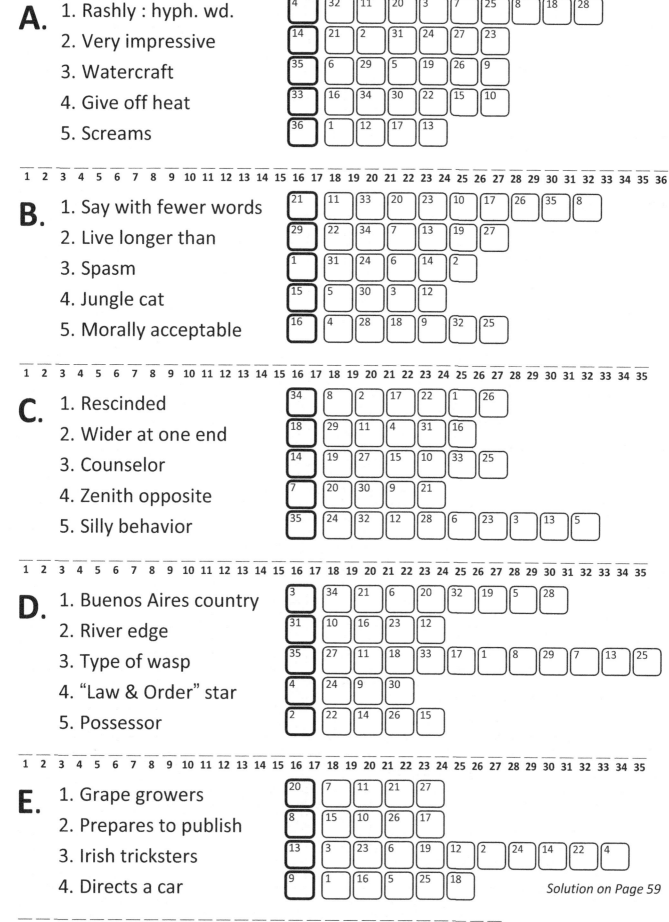

A.
1. Rashly : hyph. wd.
2. Very impressive
3. Watercraft
4. Give off heat
5. Screams

Row 1: 4 32 11 20 3 7 25 8 18 28
Row 2: 14 21 2 31 24 27 23
Row 3: 35 6 29 5 19 26 9
Row 4: 33 16 34 30 22 15 10
Row 5: 36 1 12 17 13

1 2 3 4 5 6 7 8 9 10 11 12 13 14 15 16 17 18 19 20 21 22 23 24 25 26 27 28 29 30 31 32 33 34 35 36

B.
1. Say with fewer words
2. Live longer than
3. Spasm
4. Jungle cat
5. Morally acceptable

Row 1: 21 11 33 20 23 10 17 26 35 8
Row 2: 29 22 34 7 13 19 27
Row 3: 1 31 24 6 14 2
Row 4: 15 5 30 3 12
Row 5: 16 4 28 18 9 32 25

1 2 3 4 5 6 7 8 9 10 11 12 13 14 15 16 17 18 19 20 21 22 23 24 25 26 27 28 29 30 31 32 33 34 35

C.
1. Rescinded
2. Wider at one end
3. Counselor
4. Zenith opposite
5. Silly behavior

Row 1: 34 8 2 17 22 1 26
Row 2: 18 29 11 4 31 16
Row 3: 14 19 27 15 10 33 25
Row 4: 7 20 30 9 21
Row 5: 35 24 32 12 28 6 23 3 13 5

1 2 3 4 5 6 7 8 9 10 11 12 13 14 15 16 17 18 19 20 21 22 23 24 25 26 27 28 29 30 31 32 33 34 35

D.
1. Buenos Aires country
2. River edge
3. Type of wasp
4. "Law & Order" star
5. Possessor

Row 1: 3 34 21 6 20 32 19 5 28
Row 2: 31 10 16 23 12
Row 3: 35 27 11 18 33 17 1 8 29 7 13 25
Row 4: 4 24 9 30
Row 5: 2 22 14 26 15

1 2 3 4 5 6 7 8 9 10 11 12 13 14 15 16 17 18 19 20 21 22 23 24 25 26 27 28 29 30 31 32 33 34 35

E.
1. Grape growers
2. Prepares to publish
3. Irish tricksters
4. Directs a car

Row 1: 20 7 11 21 27
Row 2: 8 15 10 26 17
Row 3: 13 3 23 6 19 12 2 24 14 22 4
Row 4: 9 1 16 5 25 18

Solution on Page 59

1 2 3 4 5 6 7 8 9 10 11 12 13 14 15 16 17 18 19 20 21 22 23 24 25 26 27

MUSIC PUZZLE 1

A.
1. Predicaments
2. Eruptions
3. "Nonsense!"
4. Bumpy
5. Installment plan

32	14	28	24	8	1	20		
15	31	7	25	13	29	21	10	30
33	2	12	4	17	35			
22	5	3	16	6	23			
34	19	11	27	18	9	26		

1 2 3 4 5 6 7 8 9 10 11 12 13 14 15 16 17 18 19 20 21 22 23 24 25 26 27 28 29 30 31 32 33 34 35

B.
1. Good-natured
2. Set free
3. Bends the head
4. Weaponry
5. Dim lamp : hyph. wd.

16	32	8	23	15	31	20			
28	36	19	25	34	21	14			
2	10	22	24						
30	9	35	1	11	27	17	7		
29	6	4	13	26	33	3	18	5	12

1 2 3 4 5 6 7 8 9 10 11 12 13 14 15 16 17 18 19 20 21 22 23 24 25 26 27 28 29 30 31 32 33 34 35 36

C.
1. Female knights
2. Closing arguments
3. Contradictory words : pl.
4. _____ Amendment
5. Sensitive

34	8	19	26	35					
12	20	9	29	32	23	5	17	33	1
14	4	30	25	10	15	18	28	6	
7	24	13	16	22					
2	27	11	21	31	3				

1 2 3 4 5 6 7 8 9 10 11 12 13 14 15 16 17 18 19 20 21 22 23 24 25 26 27 28 29 30 31 32 33 34 35

D.
1. Medical center
2. Film critic Roger
3. Implement a law
4. Charges with a crime
5. "Get lost!" : 2 wds.

20	26	12	16	7	22	11	3
9	23	32	27	14			
28	19	25	15	33	8	18	
21	31	4	29	1	17	6	
30	2	13	10	5	24		

1 2 3 4 5 6 7 8 9 10 11 12 13 14 15 16 17 18 19 20 21 22 23 24 25 26 27 28 29 30 31 32 33

E.
1. Sean Connery role : 2 wds.
2. Snow slider
3. Enters data
4. Develop gradually
5. Appropriate

15	30	23	4	7	1	27	5	11	17
26	22	29	18	8	20	9	36		
32	19	28	3	24	13				
16	34	2	31	10	33				
25	12	35	14	6	21				

Solution on Page 60

1 2 3 4 5 6 7 8 9 10 11 12 13 14 15 16 17 18 19 20 21 22 23 24 25 26 27 28 29 30 31 32 33 34 35 36

TELEVISION PUZZLE 3

A.
1. "_____ Buy Me Love" : song
2. Titleholder, as in acreage
3. Brownish-yellow
4. Beautiful balance
5. Transparent : hyph. wd.

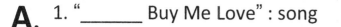

Row 1: 4 | 29 23 15
Row 2: 8 | 5 12 27 7 19 30 13 6
Row 3: 21 | 34 9 26 11
Row 4: 16 | 35 28 33 3 14 22 31
Row 5: 36 | 24 32 1 17 25 18 10 20 2

1 2 3 4 5 6 7 8 9 10 11 12 13 14 15 16 17 18 19 20 21 22 23 24 25 26 27 28 29 30 31 32 33 34 35 36

B.
1. Actually : 2 wds.
2. Twisted out of shape
3. Applied lacquer
4. Actress Olsen
5. Flipped a house

Row 1: 31 | 4 25 6 35 21
Row 2: 9 | 33 7 26 19 34 14 27 23
Row 3: 32 | 24 12 3 15 1 18 22 30
Row 4: 29 | 20 10 17 11 5
Row 5: 28 | 36 13 2 16 8

1 2 3 4 5 6 7 8 9 10 11 12 13 14 15 16 17 18 19 20 21 22 23 24 25 26 27 28 29 30 31 32 33 34 35 36

C.
1. Protected from heat and cold
2. Intellectual one : slang
3. Valuable collection
4. Jewish seminary
5. Very loyal

Row 1: 15 | 29 35 4 14 7 24 17 34
Row 2: 26 | 11 18 31 21 19 6
Row 3: 13 | 5 28 16 32
Row 4: 8 | 30 1 25 10 20 2
Row 5: 23 | 3 33 22 9 27 12

1 2 3 4 5 6 7 8 9 10 11 12 13 14 15 16 17 18 19 20 21 22 23 24 25 26 27 28 29 30 31 32 33 34 35

D.
1. Catch a glimpse
2. Most uncouth
3. Engages as a participant
4. Train locomotives
5. Tony Robbins film : 2 wds.

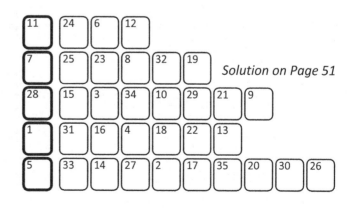

Row 1: 11 | 24 6 12
Row 2: 7 | 25 23 8 32 19
Row 3: 28 | 15 3 34 10 29 21 9
Row 4: 1 | 31 16 4 18 22 13
Row 5: 5 | 33 14 27 2 17 35 20 30 26

Solution on Page 51

1 2 3 4 5 6 7 8 9 10 11 12 13 14 15 16 17 18 19 20 21 22 23 24 25 26 27 28 29 30 31 32 33 34 35

MOVIES PUZZLE 3

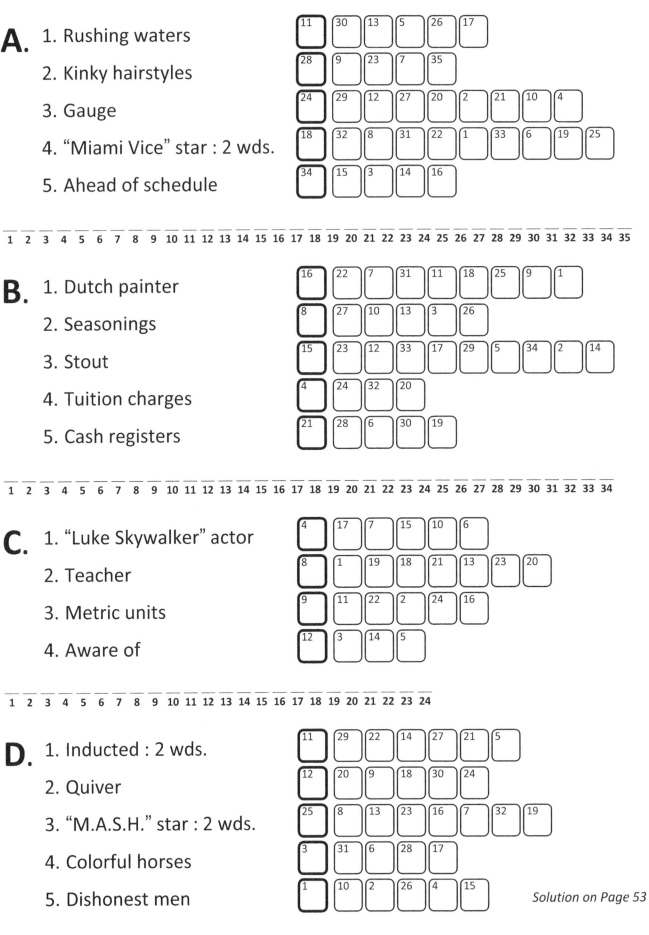

A.
1. Rushing waters
2. Kinky hairstyles
3. Gauge
4. "Miami Vice" star : 2 wds.
5. Ahead of schedule

A. 1: 11 30 13 5 26 17
A. 2: 28 9 23 7 35
A. 3: 24 29 12 27 20 2 21 10 4
A. 4: 18 32 8 31 22 1 33 6 19 25
A. 5: 34 15 3 14 16

1 2 3 4 5 6 7 8 9 10 11 12 13 14 15 16 17 18 19 20 21 22 23 24 25 26 27 28 29 30 31 32 33 34 35

B.
1. Dutch painter
2. Seasonings
3. Stout
4. Tuition charges
5. Cash registers

B. 1: 16 22 7 31 11 18 25 9 1
B. 2: 8 27 10 13 3 26
B. 3: 15 23 12 33 17 29 5 34 2 14
B. 4: 4 24 32 20
B. 5: 21 28 6 30 19

1 2 3 4 5 6 7 8 9 10 11 12 13 14 15 16 17 18 19 20 21 22 23 24 25 26 27 28 29 30 31 32 33 34

C.
1. "Luke Skywalker" actor
2. Teacher
3. Metric units
4. Aware of

C. 1: 4 17 7 15 10 6
C. 2: 8 1 19 18 21 13 23 20
C. 3: 9 11 22 2 24 16
C. 4: 12 3 14 5

1 2 3 4 5 6 7 8 9 10 11 12 13 14 15 16 17 18 19 20 21 22 23 24

D.
1. Inducted : 2 wds.
2. Quiver
3. "M.A.S.H." star : 2 wds.
4. Colorful horses
5. Dishonest men

D. 1: 11 29 22 14 27 21 5
D. 2: 12 20 9 18 30 24
D. 3: 25 8 13 23 16 7 32 19
D. 4: 3 31 6 28 17
D. 5: 1 10 2 26 4 15

Solution on Page 53

1 2 3 4 5 6 7 8 9 10 11 12 13 14 15 16 17 18 19 20 21 22 23 24 25 26 27 28 29 30 31 32

GEOGRAPHY PUZZLE 2

A.
1. Hot and dry
2. Foolish folks : hyph. wd.
3. Additional performance
4. Steers clear of
5. Uncultivated land

Row 1: 4 23 6 30 2 20
Row 2: 26 8 12 9 17 7 25 13
Row 3: 21 19 3 18 22 27
Row 4: 16 1 29 14 32 15
Row 5: 24 10 31 11 5 28

1 2 3 4 5 6 7 8 9 10 11 12 13 14 15 16 17 18 19 20 21 22 23 24 25 26 27 28 29 30 31 32

B.
1. Take turns
2. Sudden urge
3. Confined in a pen
4. Gymnastics maneuver
5. Tortilla chips

Row 1: 5 20 16 1 22 4
Row 2: 6 19 12 11 2 21 29
Row 3: 10 24 3 18 26
Row 4: 7 14 28 13 27 23
Row 5: 25 30 9 17 8 15

1 2 3 4 5 6 7 8 9 10 11 12 13 14 15 16 17 18 19 20 21 22 23 24 25 26 27 28 29 30

C.
1. Accurate
2. Large, flightless bird
3. Villainous
4. Florida city
5. "Just _____" : 2 wds.

Row 1: 18 10 17 5 23 15 30
Row 2: 6 22 4 28 8 12 2
Row 3: 32 16 11 31 19 33 20 27 21
Row 4: 1 26 25 7 34
Row 5: 29 14 9 13 24 3

1 2 3 4 5 6 7 8 9 10 11 12 13 14 15 16 17 18 19 20 21 22 23 24 25 26 27 28 29 30 31 32 33 34

D.
1. Making a clamor
2. Constant fluctuation : 3 wds.
3. Treaty organization : abbr.
4. Saucer partner

Row 1: 17 6 9 10 25
Row 2: 4 23 20 2 8 15 11 21 16 7
Row 3: 14 24 5 12
Row 4: 18 22 19 1 13 3

Solution on Page 55

1 2 3 4 5 6 7 8 9 10 11 12 13 14 15 16 17 18 19 20 21 22 23 24 25

A.
1. Able to move easily
2. Possession
3. Coordinate watches
4. Spanish snacks
5. Whole _____ Market

Row 1: 4 11 19 24 21 7
Row 2: 28 13 17 26 23 6 31 9 22
Row 3: 10 32 12 35 2 29 3 15 34 25 20
Row 4: 1 16 30 5 36
Row 5: 27 14 18 8 33

1 2 3 4 5 6 7 8 9 10 11 12 13 14 15 16 17 18 19 20 21 22 23 24 25 26 27 28 29 30 31 32 33 34 35 36

B.
1. Certify, as in a college
2. Follow a winding course
3. Extra working hours
4. Not obvious
5. Precipitous

Row 1: 29 6 20 25 14 19 9 30
Row 2: 1 12 2 22 11 18 27
Row 3: 16 13 24 8 34 4 31 10
Row 4: 7 33 23 15 28 21 3
Row 5: 35 26 5 32 17

1 2 3 4 5 6 7 8 9 10 11 12 13 14 15 16 17 18 19 20 21 22 23 24 25 26 27 28 29 30 31 32 33 34 35

C.
1. Final confrontation
2. Thickly covered
3. Educational and helpful
4. Stretchy
5. Proboscis

Row 1: 14 23 32 8 21 16 27 11
Row 2: 15 29 3 22 18 12
Row 3: 1 36 30 10 19 31 26 9 34 17 7
Row 4: 20 25 4 28 33 13 5
Row 5: 6 35 2 24

1 2 3 4 5 6 7 8 9 10 11 12 13 14 15 16 17 18 19 20 21 22 23 24 25 26 27 28 29 30 31 32 33 34 35 36

D.
1. Act of stealing
2. "All _____ say aye" : 2 wds.
3. Outline of a dark shape
4. Binds, as with rope
5. Proverb

Row 1: 5 15 2 20 32 6 26 35
Row 2: 33 8 25 29 11 24 22
Row 3: 4 16 28 19 21 13 1 30 18 27
Row 4: 34 7 12 17
Row 5: 14 10 23 31 3 9

Solution on Page 56

1 2 3 4 5 6 7 8 9 10 11 12 13 14 15 16 17 18 19 20 21 22 23 24 25 26 27 28 29 30 31 32 33 34 35

SPORTS PUZZLE 2

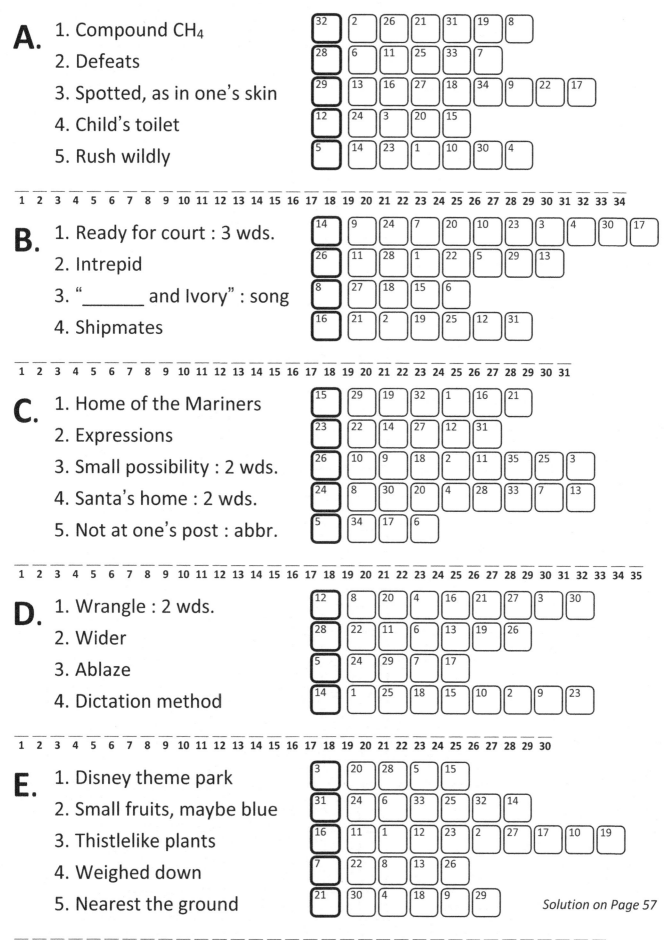

A.
1. Compound CH₄
2. Defeats
3. Spotted, as in one's skin
4. Child's toilet
5. Rush wildly

```
32  2  26  21  31  19  8
28  6  11  25  33  7
29  13  16  27  18  34  9  22  17
12  24  3  20  15
5  14  23  1  10  30  4
```

1 2 3 4 5 6 7 8 9 10 11 12 13 14 15 16 17 18 19 20 21 22 23 24 25 26 27 28 29 30 31 32 33 34

B.
1. Ready for court : 3 wds.
2. Intrepid
3. "_____ and Ivory" : song
4. Shipmates

```
14  9  24  7  20  10  23  3  4  30  17
26  11  28  1  22  5  29  13
8  27  18  15  6
16  21  2  19  25  12  31
```

1 2 3 4 5 6 7 8 9 10 11 12 13 14 15 16 17 18 19 20 21 22 23 24 25 26 27 28 29 30 31

C.
1. Home of the Mariners
2. Expressions
3. Small possibility : 2 wds.
4. Santa's home : 2 wds.
5. Not at one's post : abbr.

```
15  29  19  32  1  16  21
23  22  14  27  12  31
26  10  9  18  2  11  35  25  3
24  8  30  20  4  28  33  7  13
5  34  17  6
```

1 2 3 4 5 6 7 8 9 10 11 12 13 14 15 16 17 18 19 20 21 22 23 24 25 26 27 28 29 30 31 32 33 34 35

D.
1. Wrangle : 2 wds.
2. Wider
3. Ablaze
4. Dictation method

```
12  8  20  4  16  21  27  3  30
28  22  11  6  13  19  26
5  24  29  7  17
14  1  25  18  15  10  2  9  23
```

1 2 3 4 5 6 7 8 9 10 11 12 13 14 15 16 17 18 19 20 21 22 23 24 25 26 27 28 29 30

E.
1. Disney theme park
2. Small fruits, maybe blue
3. Thistlelike plants
4. Weighed down
5. Nearest the ground

```
3  20  28  5  15
31  24  6  33  25  32  14
16  11  1  12  23  2  27  17  10  19
7  22  8  13  26
21  30  4  18  9  29
```

Solution on Page 57

1 2 3 4 5 6 7 8 9 10 11 12 13 14 15 16 17 18 19 20 21 22 23 24 25 26 27 28 29 30 31 32 33

TELEVISION PUZZLE 4

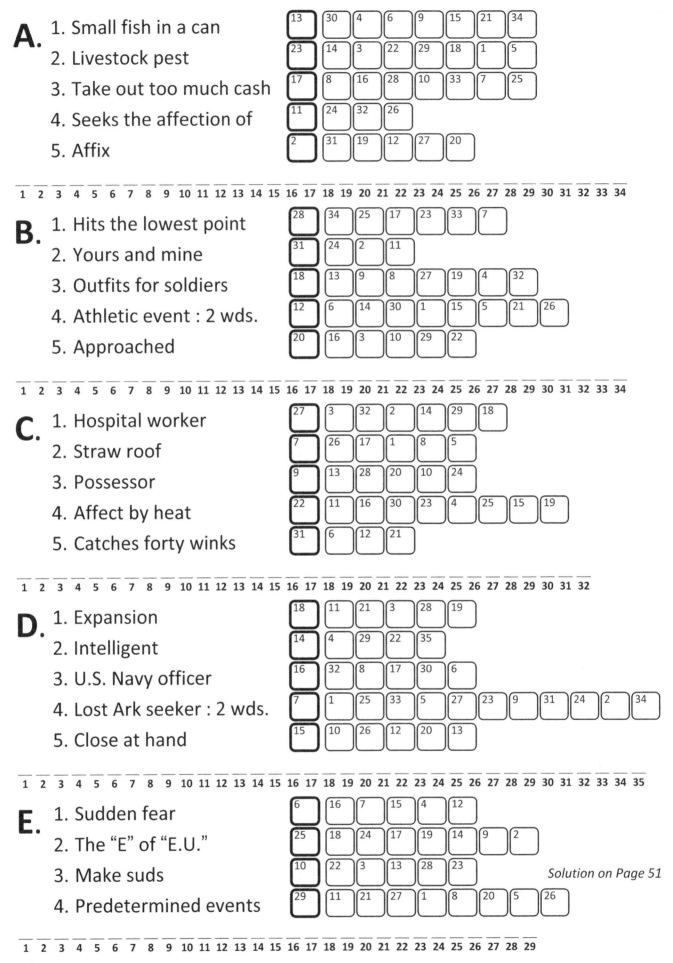

A.
1. Small fish in a can
2. Livestock pest
3. Take out too much cash
4. Seeks the affection of
5. Affix

Row 1: 13 30 4 6 9 15 21 34
Row 2: 23 14 3 22 29 18 1 5
Row 3: 17 8 16 28 10 33 7 25
Row 4: 11 24 32 26
Row 5: 2 31 19 12 27 20

1 2 3 4 5 6 7 8 9 10 11 12 13 14 15 16 17 18 19 20 21 22 23 24 25 26 27 28 29 30 31 32 33 34

B.
1. Hits the lowest point
2. Yours and mine
3. Outfits for soldiers
4. Athletic event : 2 wds.
5. Approached

Row 1: 28 34 25 17 23 33 7
Row 2: 31 24 2 11
Row 3: 18 13 9 8 27 19 4 32
Row 4: 12 6 14 30 1 15 5 21 26
Row 5: 20 16 3 10 29 22

1 2 3 4 5 6 7 8 9 10 11 12 13 14 15 16 17 18 19 20 21 22 23 24 25 26 27 28 29 30 31 32 33 34

C.
1. Hospital worker
2. Straw roof
3. Possessor
4. Affect by heat
5. Catches forty winks

Row 1: 27 3 32 2 14 29 18
Row 2: 7 26 17 1 8 5
Row 3: 9 13 28 20 10 24
Row 4: 22 11 16 30 23 4 25 15 19
Row 5: 31 6 12 21

1 2 3 4 5 6 7 8 9 10 11 12 13 14 15 16 17 18 19 20 21 22 23 24 25 26 27 28 29 30 31 32

D.
1. Expansion
2. Intelligent
3. U.S. Navy officer
4. Lost Ark seeker : 2 wds.
5. Close at hand

Row 1: 18 11 21 3 28 19
Row 2: 14 4 29 22 35
Row 3: 16 32 8 17 30 6
Row 4: 7 1 25 33 5 27 23 9 31 24 2 34
Row 5: 15 10 26 12 20 13

1 2 3 4 5 6 7 8 9 10 11 12 13 14 15 16 17 18 19 20 21 22 23 24 25 26 27 28 29 30 31 32 33 34 35

E.
1. Sudden fear
2. The "E" of "E.U."
3. Make suds
4. Predetermined events

Row 1: 6 16 7 15 4 12
Row 2: 25 18 24 17 19 14 9 2
Row 3: 10 22 3 13 28 23
Row 4: 29 11 21 27 1 8 20 5 26

Solution on Page 51

1 2 3 4 5 6 7 8 9 10 11 12 13 14 15 16 17 18 19 20 21 22 23 24 25 26 27 28 29

MOVIES PUZZLE 4

A.
1. Actress Kerr
2. Looks at closely
3. Nervousness
4. Dawns
5. Spontaneously : 3 wds.

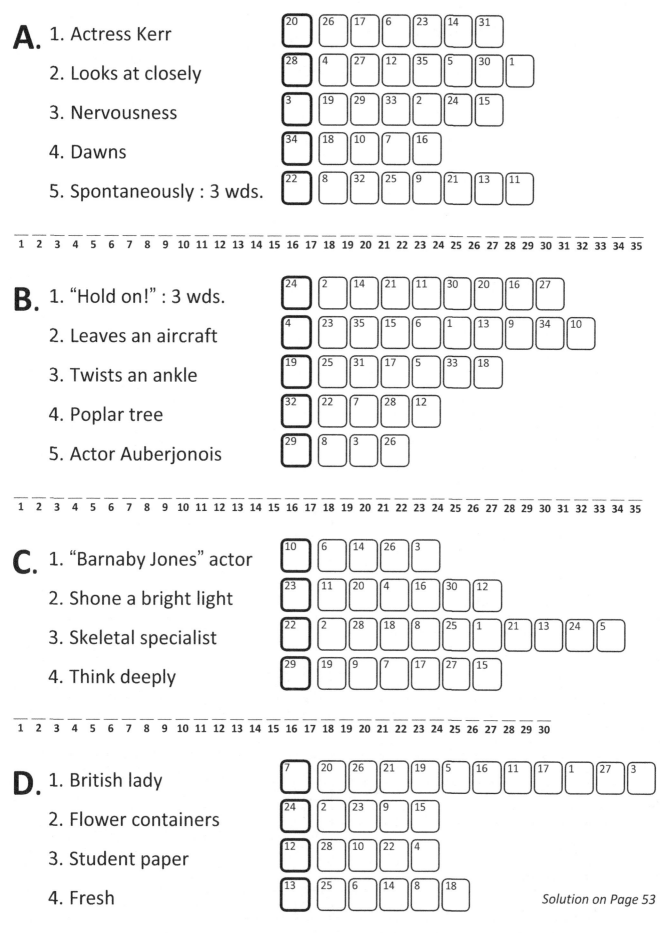

1 2 3 4 5 6 7 8 9 10 11 12 13 14 15 16 17 18 19 20 21 22 23 24 25 26 27 28 29 30 31 32 33 34 35

B.
1. "Hold on!" : 3 wds.
2. Leaves an aircraft
3. Twists an ankle
4. Poplar tree
5. Actor Auberjonois

1 2 3 4 5 6 7 8 9 10 11 12 13 14 15 16 17 18 19 20 21 22 23 24 25 26 27 28 29 30 31 32 33 34 35

C.
1. "Barnaby Jones" actor
2. Shone a bright light
3. Skeletal specialist
4. Think deeply

1 2 3 4 5 6 7 8 9 10 11 12 13 14 15 16 17 18 19 20 21 22 23 24 25 26 27 28 29 30

D.
1. British lady
2. Flower containers
3. Student paper
4. Fresh

Solution on Page 53

1 2 3 4 5 6 7 8 9 10 11 12 13 14 15 16 17 18 19 20 21 22 23 24 25 26 27 28

HISTORY PUZZLE 2

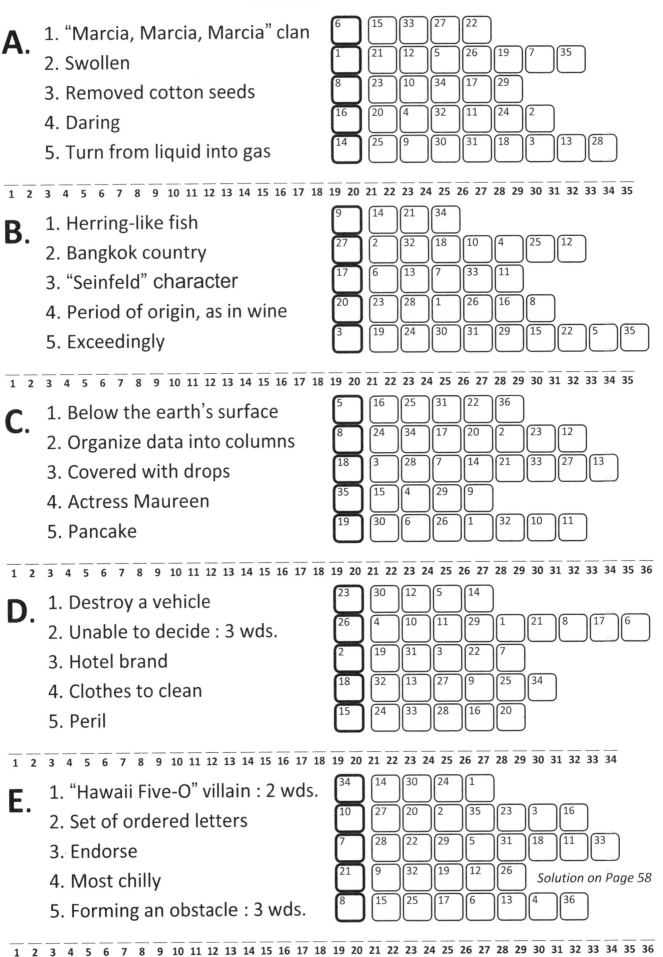

A.
1. "Marcia, Marcia, Marcia" clan
2. Swollen
3. Removed cotton seeds
4. Daring
5. Turn from liquid into gas

6 | 15 | 33 | 27 | 22
1 | 21 | 12 | 5 | 26 | 19 | 7 | 35
8 | 23 | 10 | 34 | 17 | 29
16 | 20 | 4 | 32 | 11 | 24 | 2
14 | 25 | 9 | 30 | 31 | 18 | 3 | 13 | 28

1 2 3 4 5 6 7 8 9 10 11 12 13 14 15 16 17 18 19 20 21 22 23 24 25 26 27 28 29 30 31 32 33 34 35

B.
1. Herring-like fish
2. Bangkok country
3. "Seinfeld" character
4. Period of origin, as in wine
5. Exceedingly

9 | 14 | 21 | 34
27 | 2 | 32 | 18 | 10 | 4 | 25 | 12
17 | 6 | 13 | 7 | 33 | 11
20 | 23 | 28 | 1 | 26 | 16 | 8
3 | 19 | 24 | 30 | 31 | 29 | 15 | 22 | 5 | 35

1 2 3 4 5 6 7 8 9 10 11 12 13 14 15 16 17 18 19 20 21 22 23 24 25 26 27 28 29 30 31 32 33 34 35

C.
1. Below the earth's surface
2. Organize data into columns
3. Covered with drops
4. Actress Maureen
5. Pancake

5 | 16 | 25 | 31 | 22 | 36
8 | 24 | 34 | 17 | 20 | 2 | 23 | 12
18 | 3 | 28 | 7 | 14 | 21 | 33 | 27 | 13
35 | 15 | 4 | 29 | 9
19 | 30 | 6 | 26 | 1 | 32 | 10 | 11

1 2 3 4 5 6 7 8 9 10 11 12 13 14 15 16 17 18 19 20 21 22 23 24 25 26 27 28 29 30 31 32 33 34 35 36

D.
1. Destroy a vehicle
2. Unable to decide : 3 wds.
3. Hotel brand
4. Clothes to clean
5. Peril

23 | 30 | 12 | 5 | 14
26 | 4 | 10 | 11 | 29 | 1 | 21 | 8 | 17 | 6
2 | 19 | 31 | 3 | 22 | 7
18 | 32 | 13 | 27 | 9 | 25 | 34
15 | 24 | 33 | 28 | 16 | 20

1 2 3 4 5 6 7 8 9 10 11 12 13 14 15 16 17 18 19 20 21 22 23 24 25 26 27 28 29 30 31 32 33 34

E.
1. "Hawaii Five-O" villain : 2 wds.
2. Set of ordered letters
3. Endorse
4. Most chilly
5. Forming an obstacle : 3 wds.

34 | 14 | 30 | 24 | 1
10 | 27 | 20 | 2 | 35 | 23 | 3 | 16
7 | 28 | 22 | 29 | 5 | 31 | 18 | 11 | 33
21 | 9 | 32 | 19 | 12 | 26
8 | 15 | 25 | 17 | 6 | 13 | 4 | 36

Solution on Page 58

1 2 3 4 5 6 7 8 9 10 11 12 13 14 15 16 17 18 19 20 21 22 23 24 25 26 27 28 29 30 31 32 33 34 35 36

LITERATURE PUZZLE 2

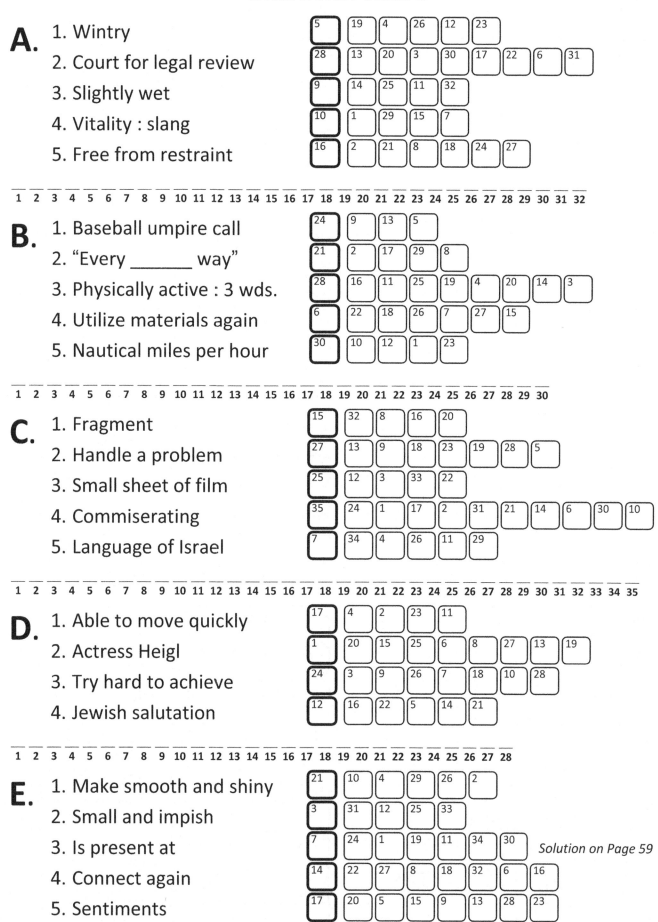

A.
1. Wintry
2. Court for legal review
3. Slightly wet
4. Vitality : slang
5. Free from restraint

```
[5] [19] [4] [26] [12] [23]
[28] [13] [20] [3] [30] [17] [22] [6] [31]
[9] [14] [25] [11] [32]
[10] [1] [29] [15] [7]
[16] [2] [21] [8] [18] [24] [27]
```

1 2 3 4 5 6 7 8 9 10 11 12 13 14 15 16 17 18 19 20 21 22 23 24 25 26 27 28 29 30 31 32

B.
1. Baseball umpire call
2. "Every _____ way"
3. Physically active : 3 wds.
4. Utilize materials again
5. Nautical miles per hour

```
[24] [9] [13] [5]
[21] [2] [17] [29] [8]
[28] [16] [11] [25] [19] [4] [20] [14] [3]
[6] [22] [18] [26] [7] [27] [15]
[30] [10] [12] [1] [23]
```

1 2 3 4 5 6 7 8 9 10 11 12 13 14 15 16 17 18 19 20 21 22 23 24 25 26 27 28 29 30

C.
1. Fragment
2. Handle a problem
3. Small sheet of film
4. Commiserating
5. Language of Israel

```
[15] [32] [8] [16] [20]
[27] [13] [9] [18] [23] [19] [28] [5]
[25] [12] [3] [33] [22]
[35] [24] [1] [17] [2] [31] [21] [14] [6] [30] [10]
[7] [34] [4] [26] [11] [29]
```

1 2 3 4 5 6 7 8 9 10 11 12 13 14 15 16 17 18 19 20 21 22 23 24 25 26 27 28 29 30 31 32 33 34 35

D.
1. Able to move quickly
2. Actress Heigl
3. Try hard to achieve
4. Jewish salutation

```
[17] [4] [2] [23] [11]
[1] [20] [15] [25] [6] [8] [27] [13] [19]
[24] [3] [9] [26] [7] [18] [10] [28]
[12] [16] [22] [5] [14] [21]
```

1 2 3 4 5 6 7 8 9 10 11 12 13 14 15 16 17 18 19 20 21 22 23 24 25 26 27 28

E.
1. Make smooth and shiny
2. Small and impish
3. Is present at
4. Connect again
5. Sentiments

```
[21] [10] [4] [29] [26] [2]
[3] [31] [12] [25] [33]
[7] [24] [1] [19] [11] [34] [30]
[14] [22] [27] [8] [18] [32] [6] [16]
[17] [20] [5] [15] [9] [13] [28] [23]
```

Solution on Page 59

1 2 3 4 5 6 7 8 9 10 11 12 13 14 15 16 17 18 19 20 21 22 23 24 25 26 27 28 29 30 31 32 33 34

MUSIC PUZZLE 2

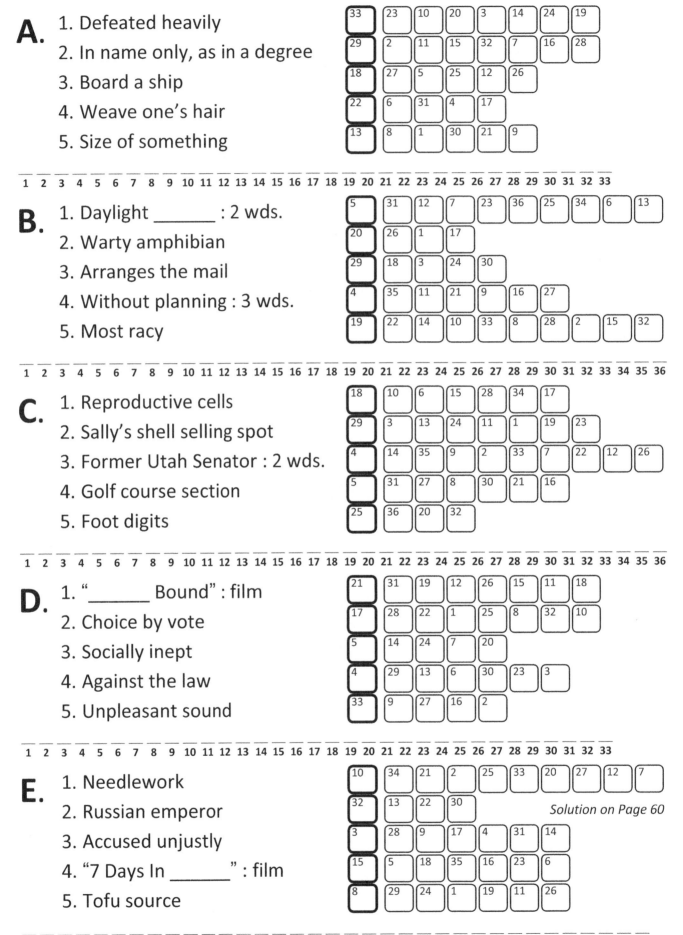

A.
1. Defeated heavily
2. In name only, as in a degree
3. Board a ship
4. Weave one's hair
5. Size of something

1 2 3 4 5 6 7 8 9 10 11 12 13 14 15 16 17 18 19 20 21 22 23 24 25 26 27 28 29 30 31 32 33

B.
1. Daylight _____ : 2 wds.
2. Warty amphibian
3. Arranges the mail
4. Without planning : 3 wds.
5. Most racy

1 2 3 4 5 6 7 8 9 10 11 12 13 14 15 16 17 18 19 20 21 22 23 24 25 26 27 28 29 30 31 32 33 34 35 36

C.
1. Reproductive cells
2. Sally's shell selling spot
3. Former Utah Senator : 2 wds.
4. Golf course section
5. Foot digits

1 2 3 4 5 6 7 8 9 10 11 12 13 14 15 16 17 18 19 20 21 22 23 24 25 26 27 28 29 30 31 32 33 34 35 36

D.
1. "_____ Bound" : film
2. Choice by vote
3. Socially inept
4. Against the law
5. Unpleasant sound

1 2 3 4 5 6 7 8 9 10 11 12 13 14 15 16 17 18 19 20 21 22 23 24 25 26 27 28 29 30 31 32 33

E.
1. Needlework
2. Russian emperor
3. Accused unjustly
4. "7 Days In _____" : film
5. Tofu source

Solution on Page 60

1 2 3 4 5 6 7 8 9 10 11 12 13 14 15 16 17 18 19 20 21 22 23 24 25 26 27 28 29 30 31 32 33 34 35

TELEVISION PUZZLE 5

A.
1. Animal appendage
2. Successor
3. Anticipate
4. Inaccurate : 3 wds.
5. Tidiest

1	29	11	17	33	21	27	14
19	10	5	30				
22	6	28	20	32	15		
7	34	8	24	2	35	12	16	25	31
23	3	26	9	13	4	18	

1 2 3 4 5 6 7 8 9 10 11 12 13 14 15 16 17 18 19 20 21 22 23 24 25 26 27 28 29 30 31 32 33 34 35

B.
1. Exit game : 2 wds.
2. Skin growths
3. Unwise : hyph. wd.
4. Labors
5. _____ pigeon

19	35	7	2	23	26	14	27	30	11
9	24	16	29	6					
10	25	18	22	5	3	34	21	13	1
36	32	4	31	15					
8	17	12	20	28	33				

1 2 3 4 5 6 7 8 9 10 11 12 13 14 15 16 17 18 19 20 21 22 23 24 25 26 27 28 29 30 31 32 33 34 35 36

C.
1. Singer Wynette
2. Quite solid : 4 wds.
3. Waterfront path
4. Adjusts a piano
5. Congenital

16	9	28	34	31					
11	18	1	20	29	36	15	22	2	10	25
23	4	27	13	5	30	24	7	17	
32	26	19	12	3					
33	6	21	8	35	14				

1 2 3 4 5 6 7 8 9 10 11 12 13 14 15 16 17 18 19 20 21 22 23 24 25 26 27 28 29 30 31 32 33 34 35 36

D.
1. Bad-mouth
2. Michigan capital
3. Capture
4. Airline ticket prices
5. Nonacceptance

13	8	21	12	26			
28	24	15	20	11	4	29	
31	10	22	33	9	19	27	
6	18	30	2	16			
23	7	1	32	25	17	5	14	3

1 2 3 4 5 6 7 8 9 10 11 12 13 14 15 16 17 18 19 20 21 22 23 24 25 26 27 28 29 30 31 32 33

E.
1. About 2.54 cm.
2. All together : 2 wds.
3. "Maude" creator : 2 wds.
4. Crucial
5. Navigation tool

1	8	33	15					
4	13	22	16	3	28	20		
31	7	21	29	23	2	19	12	34	25
18	10	14	26	9	32	11	27	
6	30	17	5	24				

Solution on Page 51

1 2 3 4 5 6 7 8 9 10 11 12 13 14 15 16 17 18 19 20 21 22 23 24 25 26 27 28 29 30 31 32 33 34

MOVIES PUZZLE 5

A.
1. Kidney and Lima
2. Northern California city
3. Thick soup
4. Japanese garments
5. Street shouters : 2 wds.

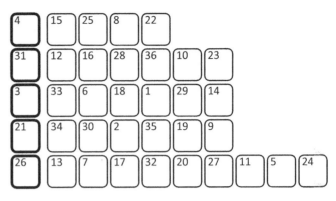

```
1  2  3  4  5  6  7  8  9  10 11 12 13 14 15 16 17 18 19 20 21 22 23 24 25 26 27 28 29 30 31 32 33 34 35 36
```

B.
1. Oscar winning actor Gary
2. Rocket course
3. Melissa Joan and Kevin
4. Breathes out
5. Clans

```
1  2  3  4  5  6  7  8  9  10 11 12 13 14 15 16 17 18 19 20 21 22 23 24 25 26 27 28 29 30 31 32 33 34 35 36
```

C.
1. Elevate
2. 1973 horror film : 2 wds.
3. U.S. Government : 2 wds.
4. Sudden invasion
5. Madonna musical

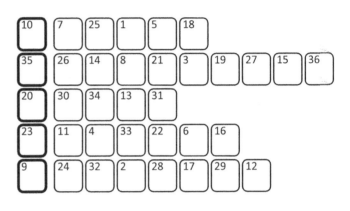

```
1  2  3  4  5  6  7  8  9  10 11 12 13 14 15 16 17 18 19 20 21 22 23 24 25 26 27 28 29 30 31 32 33 34
```

D.
1. Folklore of Greek gods
2. Clumsy ones
3. Reverberating
4. Have a positive effect on
5. Disparaging remark

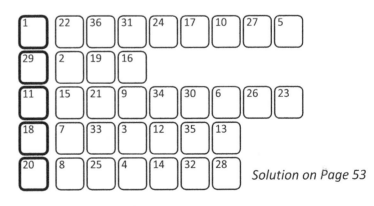

Solution on Page 53

```
1  2  3  4  5  6  7  8  9  10 11 12 13 14 15 16 17 18 19 20 21 22 23 24 25 26 27 28 29 30 31 32 33 34 35 36
```

GEOGRAPHY PUZZLE 3

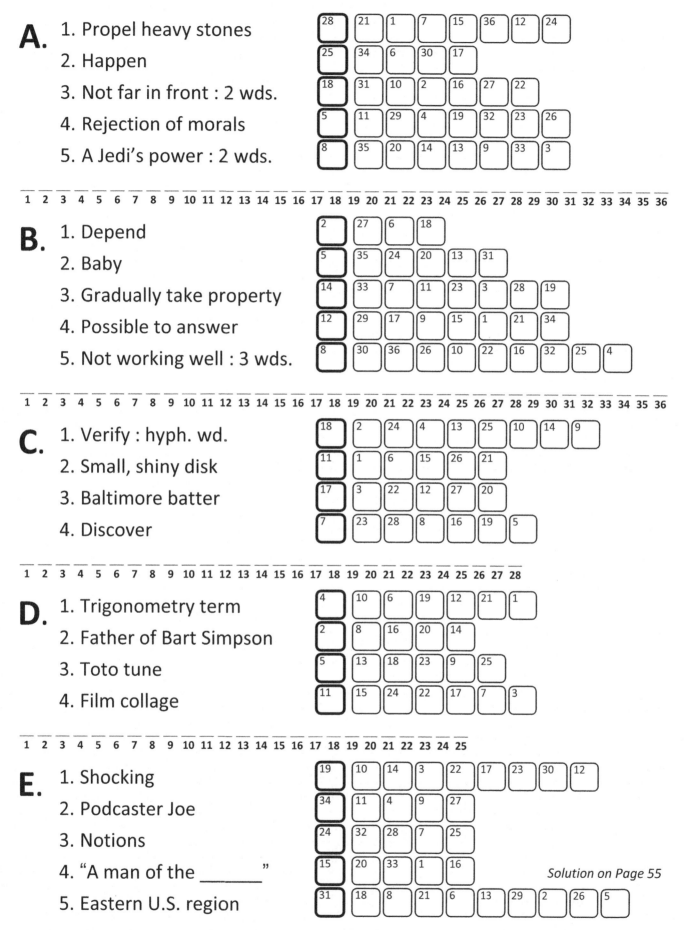

A.
1. Propel heavy stones
2. Happen
3. Not far in front : 2 wds.
4. Rejection of morals
5. A Jedi's power : 2 wds.

28	21	1	7	15	36	12	24
25	34	6	30	17
18	31	10	2	16	27	22
5	11	29	4	19	32	23	26
8	35	20	14	13	9	33	3

1 2 3 4 5 6 7 8 9 10 11 12 13 14 15 16 17 18 19 20 21 22 23 24 25 26 27 28 29 30 31 32 33 34 35 36

B.
1. Depend
2. Baby
3. Gradually take property
4. Possible to answer
5. Not working well : 3 wds.

2	27	6	18
5	35	24	20	13	31
14	33	7	11	23	3	28	19
12	29	17	9	15	1	21	34
8	30	36	26	10	22	16	32	25	4

1 2 3 4 5 6 7 8 9 10 11 12 13 14 15 16 17 18 19 20 21 22 23 24 25 26 27 28 29 30 31 32 33 34 35 36

C.
1. Verify : hyph. wd.
2. Small, shiny disk
3. Baltimore batter
4. Discover

18	2	24	4	13	25	10	14	9
11	1	6	15	26	21
17	3	22	12	27	20
7	23	28	8	16	19	5

1 2 3 4 5 6 7 8 9 10 11 12 13 14 15 16 17 18 19 20 21 22 23 24 25 26 27 28

D.
1. Trigonometry term
2. Father of Bart Simpson
3. Toto tune
4. Film collage

4	10	6	19	12	21	1
2	8	16	20	14
5	13	18	23	9	25
11	15	24	22	17	7	3

1 2 3 4 5 6 7 8 9 10 11 12 13 14 15 16 17 18 19 20 21 22 23 24 25

E.
1. Shocking
2. Podcaster Joe
3. Notions
4. "A man of the _____"
5. Eastern U.S. region

19	10	14	3	22	17	23	30	12
34	11	4	9	27
24	32	28	7	25
15	20	33	1	16
31	18	8	21	6	13	29	2	26	5

Solution on Page 55

1 2 3 4 5 6 7 8 9 10 11 12 13 14 15 16 17 18 19 20 21 22 23 24 25 26 27 28 29 30 31 32 33 34

SCIENCE PUZZLE 3

A.
1. Burden
2. In two places : 3 wds.
3. Amazon assistant
4. Abrupt
5. Baby news : 3 wds.

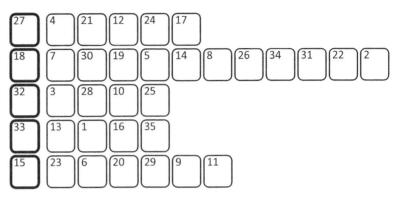

```
1  2  3  4  5  6  7  8  9  10 11 12 13 14 15 16 17 18 19 20 21 22 23 24 25 26 27 28 29 30 31 32 33 34 35
```

B.
1. Launch a fighter jet
2. Steal
3. With great ease
4. Maltreat
5. Honors with a drink

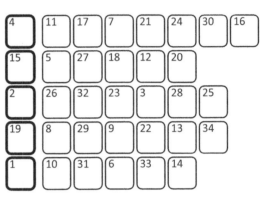

```
1  2  3  4  5  6  7  8  9  10 11 12 13 14 15 16 17 18 19 20 21 22 23 24 25 26 27 28 29 30 31 32 33 34
```

C.
1. Upon seeing : 2 wds.
2. Pizza piece
3. Olympic skater Kristi
4. Give little attention to
5. Paint solvent

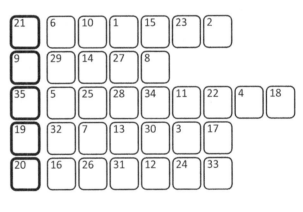

```
1  2  3  4  5  6  7  8  9  10 11 12 13 14 15 16 17 18 19 20 21 22 23 24 25 26 27 28 29 30 31 32 33 34 35
```

D.
1. Toyota Prius, for one
2. Tooth removal
3. Sweet drink
4. Preemie bed
5. Sawed wood

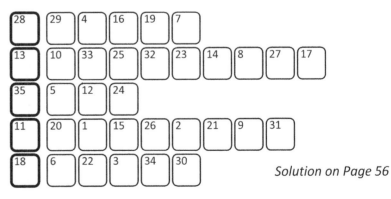

Solution on Page 56

```
1  2  3  4  5  6  7  8  9  10 11 12 13 14 15 16 17 18 19 20 21 22 23 24 25 26 27 28 29 30 31 32 33 34 35
```

SPORTS PUZZLE 3

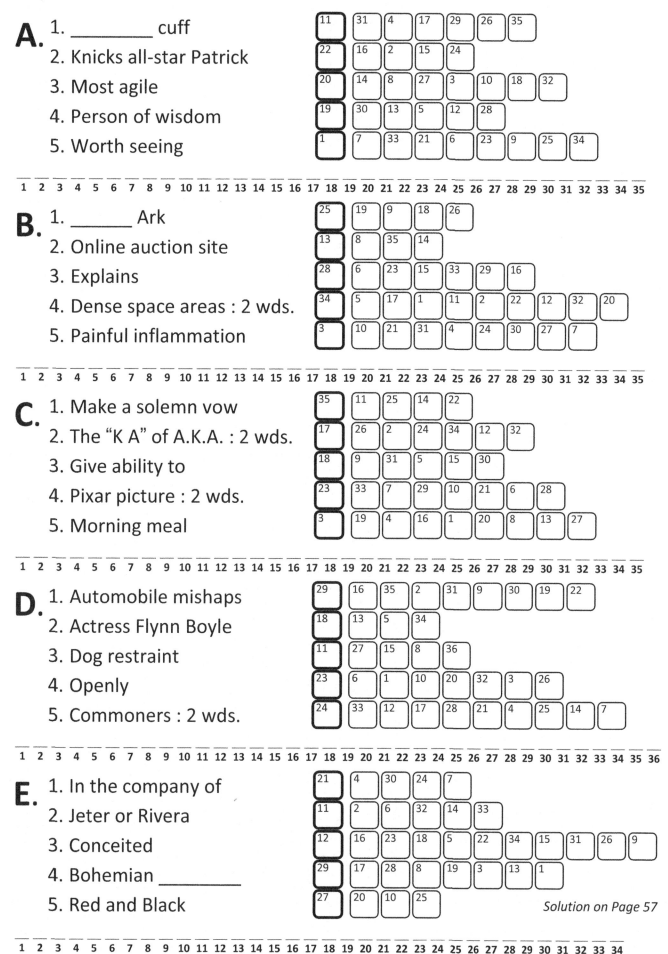

A.
1. _____ cuff
2. Knicks all-star Patrick
3. Most agile
4. Person of wisdom
5. Worth seeing

1 2 3 4 5 6 7 8 9 10 11 12 13 14 15 16 17 18 19 20 21 22 23 24 25 26 27 28 29 30 31 32 33 34 35

B.
1. _____ Ark
2. Online auction site
3. Explains
4. Dense space areas : 2 wds.
5. Painful inflammation

1 2 3 4 5 6 7 8 9 10 11 12 13 14 15 16 17 18 19 20 21 22 23 24 25 26 27 28 29 30 31 32 33 34 35

C.
1. Make a solemn vow
2. The "K A" of A.K.A. : 2 wds.
3. Give ability to
4. Pixar picture : 2 wds.
5. Morning meal

1 2 3 4 5 6 7 8 9 10 11 12 13 14 15 16 17 18 19 20 21 22 23 24 25 26 27 28 29 30 31 32 33 34 35

D.
1. Automobile mishaps
2. Actress Flynn Boyle
3. Dog restraint
4. Openly
5. Commoners : 2 wds.

1 2 3 4 5 6 7 8 9 10 11 12 13 14 15 16 17 18 19 20 21 22 23 24 25 26 27 28 29 30 31 32 33 34 35 36

E.
1. In the company of
2. Jeter or Rivera
3. Conceited
4. Bohemian _____
5. Red and Black

Solution on Page 57

1 2 3 4 5 6 7 8 9 10 11 12 13 14 15 16 17 18 19 20 21 22 23 24 25 26 27 28 29 30 31 32 33 34

TELEVISION PUZZLE 6

A.
1. Wide view
2. Solemn promise
3. Meal time : 2 wds.
4. Apple devices
5. Deals with effectively

14	10	30	3	16	7	27	17
24	29	11	15
6	5	31	9	13	22	8	19	1	25
20	4	32	28	18
12	23	2	26	21

1 2 3 4 5 6 7 8 9 10 11 12 13 14 15 16 17 18 19 20 21 22 23 24 25 26 27 28 29 30 31 32

B.
1. Law _____
2. Cold dish
3. Singer Kitt
4. Oarsman

23	14	8	26	6	21	2	12	20	4	18
17	24	1	13	7
10	16	9	25	19	5
27	3	15	11	22

1 2 3 4 5 6 7 8 9 10 11 12 13 14 15 16 17 18 19 20 21 22 23 24 25 26 27

C.
1. Sioux City state
2. Installs a monarch
3. _____ radio
4. Lacking an emcee
5. Not many : 2 wds.

17	20	7	16
24	12	22	2	18	11	33	27	10
34	5	32	21	1	8	30	26	15
14	6	28	13	25	29	4	31
9	19	3	23

1 2 3 4 5 6 7 8 9 10 11 12 13 14 15 16 17 18 19 20 21 22 23 24 25 26 27 28 29 30 31 32 33 34

D.
1. Stir rapidly
2. Irritation
3. Sought after : 2 wds.
4. Add eye drops
5. Produce bubbles

26	9	6	7	14
16	24	3	19	25	2	23	13	18
30	11	1	10	17	31	4	21
27	15	33	8	12	29	28
20	5	22	32

1 2 3 4 5 6 7 8 9 10 11 12 13 14 15 16 17 18 19 20 21 22 23 24 25 26 27 28 29 30 31 32 33

E.
1. Make angry
2. Lets out emotions
3. Sends forth
4. Excessively

20	15	9	22	11	6	26	28	3
4	21	27	23	1
5	12	8	25	16	2	13	7
10	17	24	14	19	18

Solution on Page 52

1 2 3 4 5 6 7 8 9 10 11 12 13 14 15 16 17 18 19 20 21 22 23 24 25 26 27 28

A.
1. Act badly
2. Tightly laced together
3. Fastened securely
4. Makes the cat go away
5. Small amount

4	28	9	13	22	32	14	6	24
7	30	21	16	11	34	5	25	8	19
31	12	20	23	3	17
27	2	18	29	15
26	33	1	10

1 2 3 4 5 6 7 8 9 10 11 12 13 14 15 16 17 18 19 20 21 22 23 24 25 26 27 28 29 30 31 32 33 34

B.
1. Searching : 3 wds.
2. More unpleasant
3. Piece of news
4. Naughty

7	27	12	25	20	4	17	30	24
2	26	11	31	18	10	16
9	3	23	14
6	1	22	15	28	21	5	8	13	29	19

1 2 3 4 5 6 7 8 9 10 11 12 13 14 15 16 17 18 19 20 21 22 23 24 25 26 27 28 29 30 31

C.
1. Small land areas
2. Pumpkin-shaped
3. Sneakiness
4. Reorder cards
5. Very personal

27	31	7	19	29
28	16	6	4	23	12
22	10	21	17	20	30	11
33	24	8	3	15	5	32
13	2	9	1	14	26	18	25

1 2 3 4 5 6 7 8 9 10 11 12 13 14 15 16 17 18 19 20 21 22 23 24 25 26 27 28 29 30 31 32 33

D.
1. Mint herb
2. Extremely brave one
3. Improved
4. Carrie and Eddie

22	17	11	23	25
24	10	27	19	9	12	6	18	1
16	7	2	14	28	8	3	21
4	26	29	13	20	5	15

1 2 3 4 5 6 7 8 9 10 11 12 13 14 15 16 17 18 19 20 21 22 23 24 25 26 27 28 29

E.
1. Having a problem : 3 wds.
2. Armstrong or C.K.
3. Shaped in a factory
4. Swindlng trick : 2 wds.

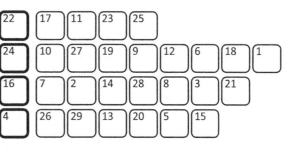

Solution on Page 54

2	11	23	19	15	9
6	10	20	17	5
24	12	3	14	22	16	25	27
18	4	28	21	7	13	26	1	8

1 2 3 4 5 6 7 8 9 10 11 12 13 14 15 16 17 18 19 20 21 22 23 24 25 26 27 28

HISTORY PUZZLE 3

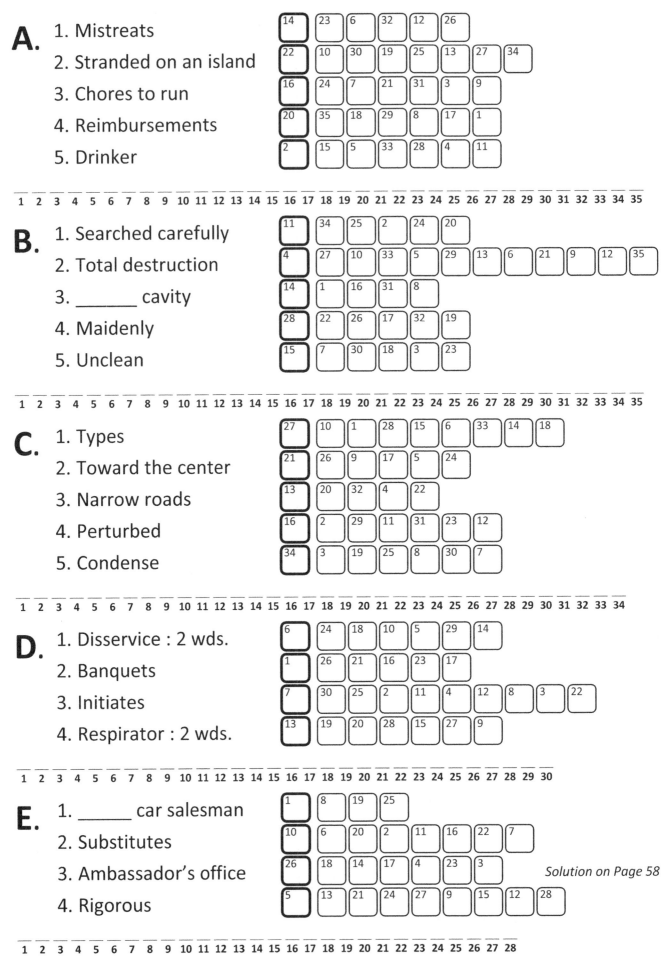

A.
1. Mistreats
2. Stranded on an island
3. Chores to run
4. Reimbursements
5. Drinker

1 2 3 4 5 6 7 8 9 10 11 12 13 14 15 16 17 18 19 20 21 22 23 24 25 26 27 28 29 30 31 32 33 34 35

B.
1. Searched carefully
2. Total destruction
3. _____ cavity
4. Maidenly
5. Unclean

1 2 3 4 5 6 7 8 9 10 11 12 13 14 15 16 17 18 19 20 21 22 23 24 25 26 27 28 29 30 31 32 33 34 35

C.
1. Types
2. Toward the center
3. Narrow roads
4. Perturbed
5. Condense

1 2 3 4 5 6 7 8 9 10 11 12 13 14 15 16 17 18 19 20 21 22 23 24 25 26 27 28 29 30 31 32 33 34

D.
1. Disservice : 2 wds.
2. Banquets
3. Initiates
4. Respirator : 2 wds.

1 2 3 4 5 6 7 8 9 10 11 12 13 14 15 16 17 18 19 20 21 22 23 24 25 26 27 28 29 30

E.
1. _____ car salesman
2. Substitutes
3. Ambassador's office
4. Rigorous

Solution on Page 58

1 2 3 4 5 6 7 8 9 10 11 12 13 14 15 16 17 18 19 20 21 22 23 24 25 26 27 28

LITERATURE PUZZLE 3

A.
1. Insignificant
2. "_____ Little Baby"
3. Third party bank account
4. Gave a summary
5. Trunked mammals

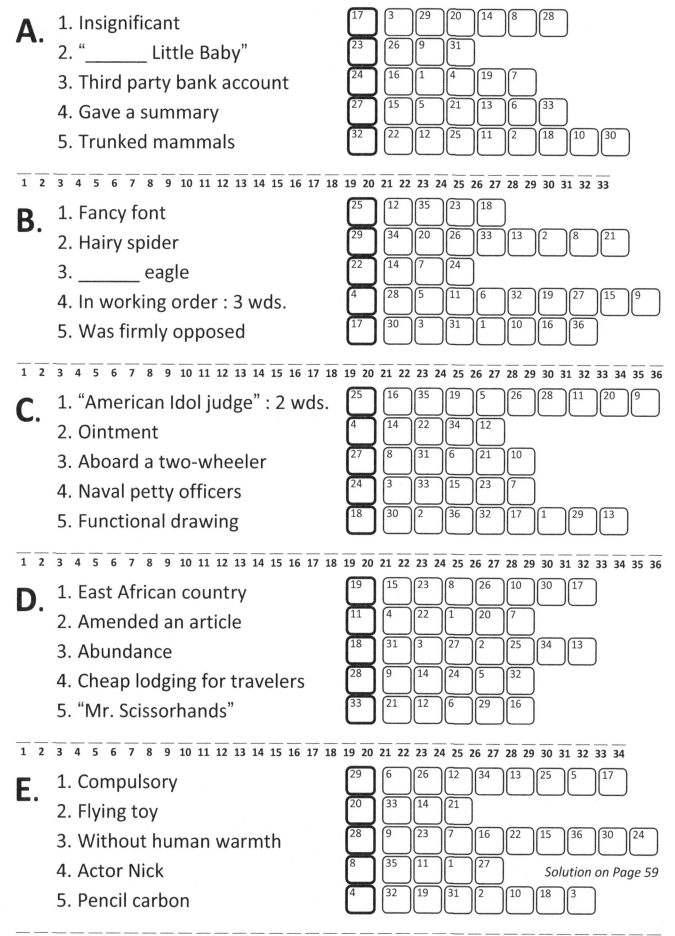

1 2 3 4 5 6 7 8 9 10 11 12 13 14 15 16 17 18 19 20 21 22 23 24 25 26 27 28 29 30 31 32 33

B.
1. Fancy font
2. Hairy spider
3. _____ eagle
4. In working order : 3 wds.
5. Was firmly opposed

1 2 3 4 5 6 7 8 9 10 11 12 13 14 15 16 17 18 19 20 21 22 23 24 25 26 27 28 29 30 31 32 33 34 35 36

C.
1. "American Idol judge" : 2 wds.
2. Ointment
3. Aboard a two-wheeler
4. Naval petty officers
5. Functional drawing

1 2 3 4 5 6 7 8 9 10 11 12 13 14 15 16 17 18 19 20 21 22 23 24 25 26 27 28 29 30 31 32 33 34 35 36

D.
1. East African country
2. Amended an article
3. Abundance
4. Cheap lodging for travelers
5. "Mr. Scissorhands"

1 2 3 4 5 6 7 8 9 10 11 12 13 14 15 16 17 18 19 20 21 22 23 24 25 26 27 28 29 30 31 32 33 34

E.
1. Compulsory
2. Flying toy
3. Without human warmth
4. Actor Nick
5. Pencil carbon

Solution on Page 59

1 2 3 4 5 6 7 8 9 10 11 12 13 14 15 16 17 18 19 20 21 22 23 24 25 26 27 28 29 30 31 32 33 34 35 36

MUSIC PUZZLE 3

A.
1. Personal views
2. Without thought
3. Incited
4. Crying out
5. Actress Blunt

16	11	22	31	15
34	5	28	17	20	3	19	26	9
1	21	33	12	27	4	18	25
23	30	7	14	29	24	35	10
13	32	2	6	8

1 2 3 4 5 6 7 8 9 10 11 12 13 14 15 16 17 18 19 20 21 22 23 24 25 26 27 28 29 30 31 32 33 34 35

B.
1. Animal skin
2. Commander
3. Frozen sea masses : 2 wds.
4. Santa Claus tracker : abbr.
5. Architectural style

22	11	24	1	18	3	10
25	4	32	17	8	14
26	12	21	27	7	28	16	9
30	19	29	5	15
6	13	20	2	31	23

1 2 3 4 5 6 7 8 9 10 11 12 13 14 15 16 17 18 19 20 21 22 23 24 25 26 27 28 29 30 31 32

C.
1. States as fact
2. Lack of enthusiasm
3. Purchased
4. Insufficiently nourished
5. California city

15	33	26	34	11	36	21
35	14	1	31	10	18	8	7
4	28	9	24	2	16
17	23	6	19	27	13	32	12
29	5	20	3	25	30	22

1 2 3 4 5 6 7 8 9 10 11 12 13 14 15 16 17 18 19 20 21 22 23 24 25 26 27 28 29 30 31 32 33 34 35 36

D.
1. All points from North Pole
2. Eccentric : 3 wds.
3. Told a white lie
4. Replaces with robots
5. Detest

21	9	29	8	22
16	32	10	14	33	5	19	26	15	35
18	23	6	25	12	4
13	7	1	31	11	20	30	3	24
36	28	17	27	2	34

1 2 3 4 5 6 7 8 9 10 11 12 13 14 15 16 17 18 19 20 21 22 23 24 25 26 27 28 29 30 31 32 33 34 35 36

E.
1. Last-mentioned
2. Rich kid asset holder : 2 wds.
3. Visible : 2 wds.
4. Animal attack
5. Sensitivity to another's views

29	7	13	26	20	5
3	18	24	1	31	14	34	21	6
27	9	16	32	15	19
23	30	4	25	10	33	11
17	35	28	2	22	12	8

Solution on Page 60

1 2 3 4 5 6 7 8 9 10 11 12 13 14 15 16 17 18 19 20 21 22 23 24 25 26 27 28 29 30 31 32 33 34 35

TELEVISION PUZZLE 7

A.
1. Marine exoskeletons
2. Instructs
3. Bancroft and Hathaway
4. Toss again
5. Deceitful : hyph. wd.

Row 1: 30 23 12 4 26 3 17 16 33
Row 2: 1 29 20 11 5 31 10
Row 3: 9 13 35 18 36
Row 4: 27 15 22 2 24 6 8
Row 5: 25 7 34 21 32 14 28 19

1 2 3 4 5 6 7 8 9 10 11 12 13 14 15 16 17 18 19 20 21 22 23 24 25 26 27 28 29 30 31 32 33 34 35 36

B.
1. Spellbound
2. Former Broncos QB John
3. Military distances : slang
4. Amulet, lucky charm
5. U-shaped turn

Row 1: 29 6 15 23
Row 2: 13 4 1 10 18
Row 3: 27 16 2 20 30 8
Row 4: 11 21 3 25 19 7 17 26
Row 5: 9 24 5 14 22 28 12

1 2 3 4 5 6 7 8 9 10 11 12 13 14 15 16 17 18 19 20 21 22 23 24 25 26 27 28 29 30

C.
1. Approximation
2. Following orders
3. Outstretch
4. Within moments : 3 wds.
5. Prepaid voucher : 2 wds.

Row 1: 8 24 21 32 7 19 2 22
Row 2: 33 10 4 25 11 34 13
Row 3: 23 14 6 29 16
Row 4: 17 26 9 3 28 18
Row 5: 12 1 20 31 5 30 15 27

1 2 3 4 5 6 7 8 9 10 11 12 13 14 15 16 17 18 19 20 21 22 23 24 25 26 27 28 29 30 31 32 33 34

D.
1. Stalemate
2. West African country
3. Required : 2 wds.
4. Beacon by the sea
5. Israel monetary unit

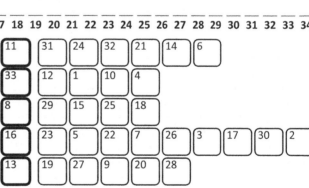

Row 1: 11 31 24 32 21 14 6
Row 2: 33 12 1 10 4
Row 3: 8 29 15 25 18
Row 4: 16 23 5 22 7 26 3 17 30 2
Row 5: 13 19 27 9 20 28

1 2 3 4 5 6 7 8 9 10 11 12 13 14 15 16 17 18 19 20 21 22 23 24 25 26 27 28 29 30 31 32 33

E.
1. Writer
2. Cultured
3. Impenetrable
4. Obtain money for work
5. Sword covering

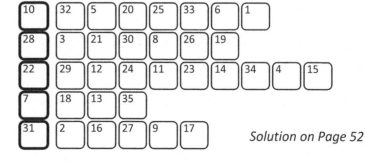

Row 1: 10 32 5 20 25 33 6 1
Row 2: 28 3 21 30 8 26 19
Row 3: 22 29 12 24 11 23 14 34 4 15
Row 4: 7 18 13 35
Row 5: 31 2 16 27 9 17

Solution on Page 52

1 2 3 4 5 6 7 8 9 10 11 12 13 14 15 16 17 18 19 20 21 22 23 24 25 26 27 28 29 30 31 32 33 34 35

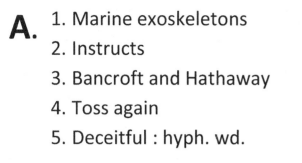

MOVIES PUZZLE 7

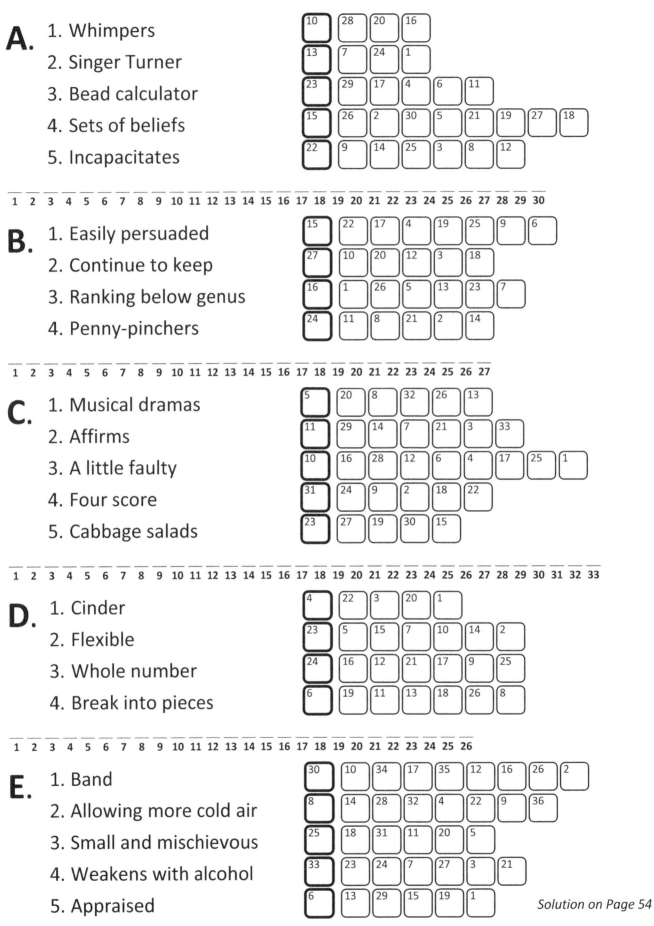

A.
1. Whimpers
2. Singer Turner
3. Bead calculator
4. Sets of beliefs
5. Incapacitates

Row 1: 10 28 20 16
Row 2: 13 7 24 1
Row 3: 23 29 17 4 6 11
Row 4: 15 26 2 30 5 21 19 27 18
Row 5: 22 9 14 25 3 8 12

1 2 3 4 5 6 7 8 9 10 11 12 13 14 15 16 17 18 19 20 21 22 23 24 25 26 27 28 29 30

B.
1. Easily persuaded
2. Continue to keep
3. Ranking below genus
4. Penny-pinchers

Row 1: 15 22 17 4 19 25 9 6
Row 2: 27 10 20 12 3 18
Row 3: 16 1 26 5 13 23 7
Row 4: 24 11 8 21 2 14

1 2 3 4 5 6 7 8 9 10 11 12 13 14 15 16 17 18 19 20 21 22 23 24 25 26 27

C.
1. Musical dramas
2. Affirms
3. A little faulty
4. Four score
5. Cabbage salads

Row 1: 5 20 8 32 26 13
Row 2: 11 29 14 7 21 3 33
Row 3: 10 16 28 12 6 4 17 25 1
Row 4: 31 24 9 2 18 22
Row 5: 23 27 19 30 15

1 2 3 4 5 6 7 8 9 10 11 12 13 14 15 16 17 18 19 20 21 22 23 24 25 26 27 28 29 30 31 32 33

D.
1. Cinder
2. Flexible
3. Whole number
4. Break into pieces

Row 1: 4 22 3 20 1
Row 2: 23 5 15 7 10 14 2
Row 3: 24 16 12 21 17 9 25
Row 4: 6 19 11 13 18 26 8

1 2 3 4 5 6 7 8 9 10 11 12 13 14 15 16 17 18 19 20 21 22 23 24 25 26

E.
1. Band
2. Allowing more cold air
3. Small and mischievous
4. Weakens with alcohol
5. Appraised

Row 1: 30 10 34 17 35 12 16 26 2
Row 2: 8 14 28 32 4 22 9 36
Row 3: 25 18 31 11 20 5
Row 4: 33 23 24 7 27 3 21
Row 5: 6 13 29 15 19 1

Solution on Page 54

1 2 3 4 5 6 7 8 9 10 11 12 13 14 15 16 17 18 19 20 21 22 23 24 25 26 27 28 29 30 31 32 33 34 35 36

GEOGRAPHY PUZZLE 4

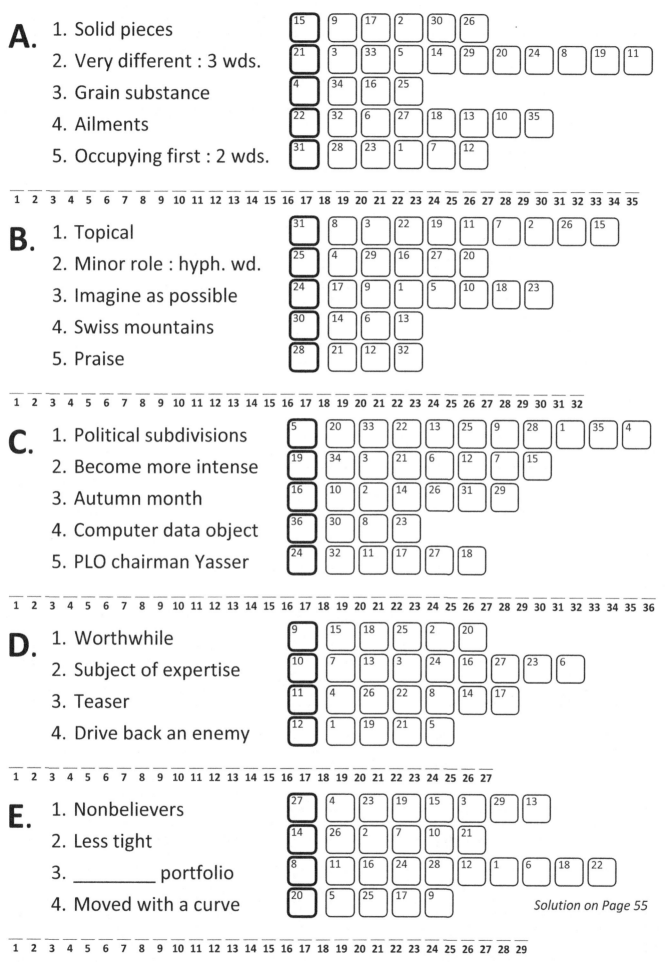

A.
1. Solid pieces
2. Very different : 3 wds.
3. Grain substance
4. Ailments
5. Occupying first : 2 wds.

Row 1: 15 9 17 2 30 26
Row 2: 21 3 33 5 14 29 20 24 8 19 11
Row 3: 4 34 16 25
Row 4: 22 32 6 27 18 13 10 35
Row 5: 31 28 23 1 7 12

1 2 3 4 5 6 7 8 9 10 11 12 13 14 15 16 17 18 19 20 21 22 23 24 25 26 27 28 29 30 31 32 33 34 35

B.
1. Topical
2. Minor role : hyph. wd.
3. Imagine as possible
4. Swiss mountains
5. Praise

Row 1: 31 8 3 22 19 11 7 2 26 15
Row 2: 25 4 29 16 27 20
Row 3: 24 17 9 1 5 10 18 23
Row 4: 30 14 6 13
Row 5: 28 21 12 32

1 2 3 4 5 6 7 8 9 10 11 12 13 14 15 16 17 18 19 20 21 22 23 24 25 26 27 28 29 30 31 32

C.
1. Political subdivisions
2. Become more intense
3. Autumn month
4. Computer data object
5. PLO chairman Yasser

Row 1: 5 20 33 22 13 25 9 28 1 35 4
Row 2: 19 34 3 21 6 12 7 15
Row 3: 16 10 2 14 26 31 29
Row 4: 36 30 8 23
Row 5: 24 32 11 17 27 18

1 2 3 4 5 6 7 8 9 10 11 12 13 14 15 16 17 18 19 20 21 22 23 24 25 26 27 28 29 30 31 32 33 34 35 36

D.
1. Worthwhile
2. Subject of expertise
3. Teaser
4. Drive back an enemy

Row 1: 9 15 18 25 2 20
Row 2: 10 7 13 3 24 16 27 23 6
Row 3: 11 4 26 22 8 14 17
Row 4: 12 1 19 21 5

1 2 3 4 5 6 7 8 9 10 11 12 13 14 15 16 17 18 19 20 21 22 23 24 25 26 27

E.
1. Nonbelievers
2. Less tight
3. _____ portfolio
4. Moved with a curve

Row 1: 27 4 23 19 15 3 29 13
Row 2: 14 26 2 7 10 21
Row 3: 8 11 16 24 28 12 1 6 18 22
Row 4: 20 5 25 17 9

Solution on Page 55

1 2 3 4 5 6 7 8 9 10 11 12 13 14 15 16 17 18 19 20 21 22 23 24 25 26 27 28 29

SCIENCE PUZZLE 4

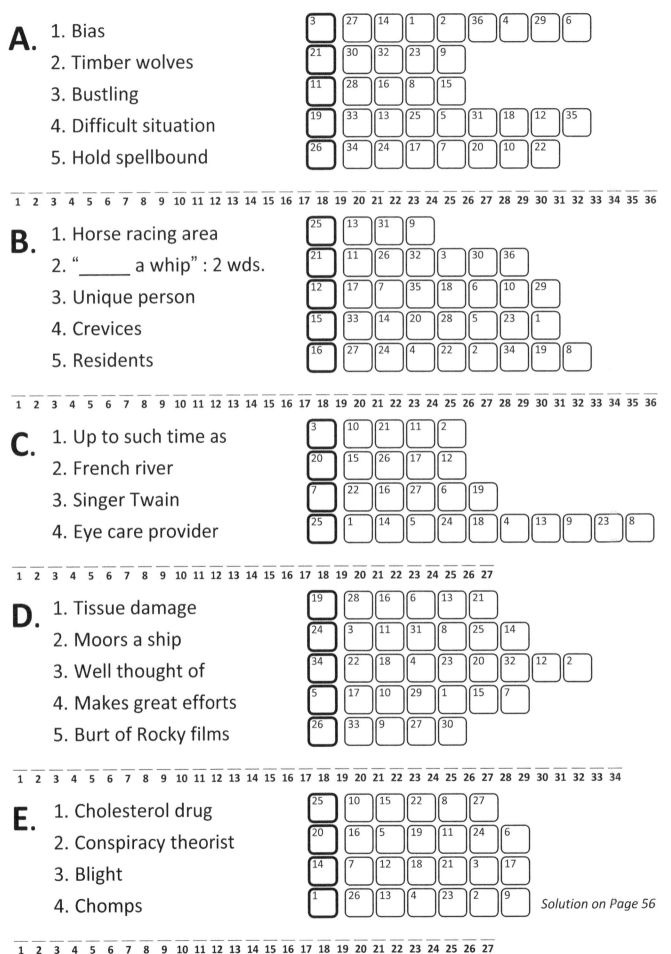

A.
1. Bias
2. Timber wolves
3. Bustling
4. Difficult situation
5. Hold spellbound

1 2 3 4 5 6 7 8 9 10 11 12 13 14 15 16 17 18 19 20 21 22 23 24 25 26 27 28 29 30 31 32 33 34 35 36

B.
1. Horse racing area
2. "_____ a whip" : 2 wds.
3. Unique person
4. Crevices
5. Residents

1 2 3 4 5 6 7 8 9 10 11 12 13 14 15 16 17 18 19 20 21 22 23 24 25 26 27 28 29 30 31 32 33 34 35 36

C.
1. Up to such time as
2. French river
3. Singer Twain
4. Eye care provider

1 2 3 4 5 6 7 8 9 10 11 12 13 14 15 16 17 18 19 20 21 22 23 24 25 26 27

D.
1. Tissue damage
2. Moors a ship
3. Well thought of
4. Makes great efforts
5. Burt of Rocky films

1 2 3 4 5 6 7 8 9 10 11 12 13 14 15 16 17 18 19 20 21 22 23 24 25 26 27 28 29 30 31 32 33 34

E.
1. Cholesterol drug
2. Conspiracy theorist
3. Blight
4. Chomps

Solution on Page 56

1 2 3 4 5 6 7 8 9 10 11 12 13 14 15 16 17 18 19 20 21 22 23 24 25 26 27

SPORTS PUZZLE 4

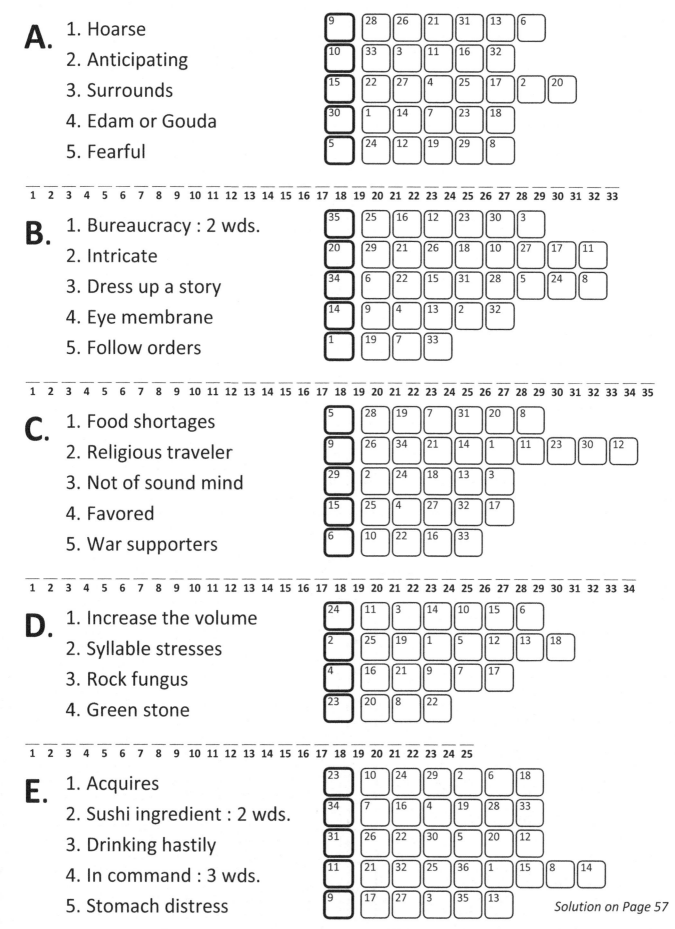

A.
1. Hoarse
2. Anticipating
3. Surrounds
4. Edam or Gouda
5. Fearful

9 28 26 21 31 13 6
10 33 3 11 16 32
15 22 27 4 25 17 2 20
30 1 14 7 23 18
5 24 12 19 29 8

1 2 3 4 5 6 7 8 9 10 11 12 13 14 15 16 17 18 19 20 21 22 23 24 25 26 27 28 29 30 31 32 33

B.
1. Bureaucracy : 2 wds.
2. Intricate
3. Dress up a story
4. Eye membrane
5. Follow orders

35 25 16 12 23 30 3
20 29 21 26 18 10 27 17 11
34 6 22 15 31 28 5 24 8
14 9 4 13 2 32
1 19 7 33

1 2 3 4 5 6 7 8 9 10 11 12 13 14 15 16 17 18 19 20 21 22 23 24 25 26 27 28 29 30 31 32 33 34 35

C.
1. Food shortages
2. Religious traveler
3. Not of sound mind
4. Favored
5. War supporters

5 28 19 7 31 20 8
9 26 34 21 14 1 11 23 30 12
29 2 24 18 13 3
15 25 4 27 32 17
6 10 22 16 33

1 2 3 4 5 6 7 8 9 10 11 12 13 14 15 16 17 18 19 20 21 22 23 24 25 26 27 28 29 30 31 32 33 34

D.
1. Increase the volume
2. Syllable stresses
3. Rock fungus
4. Green stone

24 11 3 14 10 15 6
2 25 19 1 5 12 13 18
4 16 21 9 7 17
23 20 8 22

1 2 3 4 5 6 7 8 9 10 11 12 13 14 15 16 17 18 19 20 21 22 23 24 25

E.
1. Acquires
2. Sushi ingredient : 2 wds.
3. Drinking hastily
4. In command : 3 wds.
5. Stomach distress

23 10 24 29 2 6 18
34 7 16 4 19 28 33
31 26 22 30 5 20 12
11 21 32 25 36 1 15 8 14
9 17 27 3 35 13

Solution on Page 57

1 2 3 4 5 6 7 8 9 10 11 12 13 14 15 16 17 18 19 20 21 22 23 24 25 26 27 28 29 30 31 32 33 34 35 36

TELEVISION PUZZLE 8

A.
1. Macaroni, for one
2. Recovering : 3 wds.
3. Goldilocks growler : 2 wds.
4. Accompanying
5. Enormous

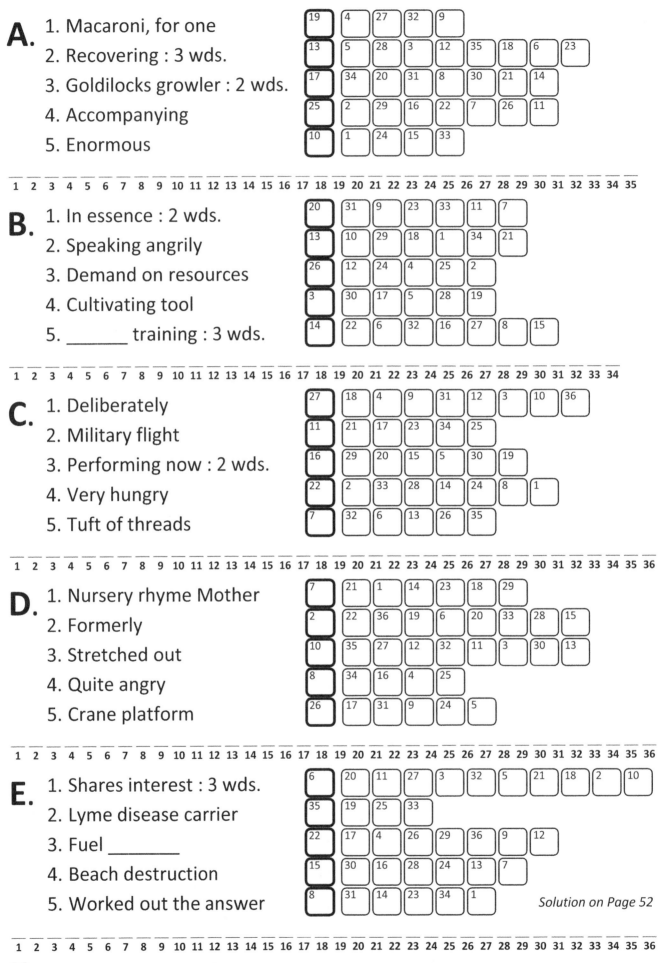

1 2 3 4 5 6 7 8 9 10 11 12 13 14 15 16 17 18 19 20 21 22 23 24 25 26 27 28 29 30 31 32 33 34 35

B.
1. In essence : 2 wds.
2. Speaking angrily
3. Demand on resources
4. Cultivating tool
5. _____ training : 3 wds.

1 2 3 4 5 6 7 8 9 10 11 12 13 14 15 16 17 18 19 20 21 22 23 24 25 26 27 28 29 30 31 32 33 34

C.
1. Deliberately
2. Military flight
3. Performing now : 2 wds.
4. Very hungry
5. Tuft of threads

1 2 3 4 5 6 7 8 9 10 11 12 13 14 15 16 17 18 19 20 21 22 23 24 25 26 27 28 29 30 31 32 33 34 35 36

D.
1. Nursery rhyme Mother
2. Formerly
3. Stretched out
4. Quite angry
5. Crane platform

1 2 3 4 5 6 7 8 9 10 11 12 13 14 15 16 17 18 19 20 21 22 23 24 25 26 27 28 29 30 31 32 33 34 35 36

E.
1. Shares interest : 3 wds.
2. Lyme disease carrier
3. Fuel _____
4. Beach destruction
5. Worked out the answer

Solution on Page 52

1 2 3 4 5 6 7 8 9 10 11 12 13 14 15 16 17 18 19 20 21 22 23 24 25 26 27 28 29 30 31 32 33 34 35 36

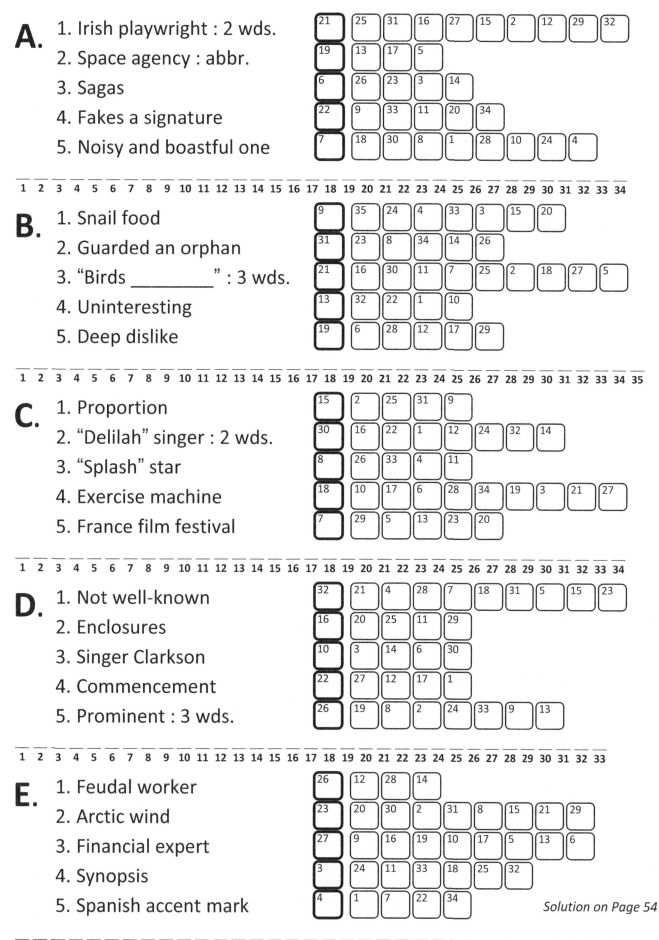

A.
1. Irish playwright : 2 wds.
2. Space agency : abbr.
3. Sagas
4. Fakes a signature
5. Noisy and boastful one

21	25	31	16	27	15	2	12	29	32
19	13	17	5
6	26	23	3	14
22	9	33	11	20	34
7	18	30	8	1	28	10	24	4

1 2 3 4 5 6 7 8 9 10 11 12 13 14 15 16 17 18 19 20 21 22 23 24 25 26 27 28 29 30 31 32 33 34

B.
1. Snail food
2. Guarded an orphan
3. "Birds _____" : 3 wds.
4. Uninteresting
5. Deep dislike

9	35	24	4	33	3	15	20
31	23	8	34	14	26
21	16	30	11	7	25	2	18	27	5
13	32	22	1	10
19	6	28	12	17	29

1 2 3 4 5 6 7 8 9 10 11 12 13 14 15 16 17 18 19 20 21 22 23 24 25 26 27 28 29 30 31 32 33 34 35

C.
1. Proportion
2. "Delilah" singer : 2 wds.
3. "Splash" star
4. Exercise machine
5. France film festival

15	2	25	31	9
30	16	22	1	12	24	32	14
8	26	33	4	11
18	10	17	6	28	34	19	3	21	27
7	29	5	13	23	20

1 2 3 4 5 6 7 8 9 10 11 12 13 14 15 16 17 18 19 20 21 22 23 24 25 26 27 28 29 30 31 32 33 34

D.
1. Not well-known
2. Enclosures
3. Singer Clarkson
4. Commencement
5. Prominent : 3 wds.

32	21	4	28	7	18	31	5	15	23
16	20	25	11	29
10	3	14	6	30
22	27	12	17	1
26	19	8	2	24	33	9	13

1 2 3 4 5 6 7 8 9 10 11 12 13 14 15 16 17 18 19 20 21 22 23 24 25 26 27 28 29 30 31 32 33

E.
1. Feudal worker
2. Arctic wind
3. Financial expert
4. Synopsis
5. Spanish accent mark

26	12	28	14
23	20	30	2	31	8	15	21	29
27	9	16	19	10	17	5	13	6
3	24	11	33	18	25	32
4	1	7	22	34

Solution on Page 54

1 2 3 4 5 6 7 8 9 10 11 12 13 14 15 16 17 18 19 20 21 22 23 24 25 26 27 28 29 30 31 32 33 34

HISTORY PUZZLE 4

A.
1. Great delight
2. Virginia capital
3. King of Rock and Roll
4. Put to practical use
5. Actor

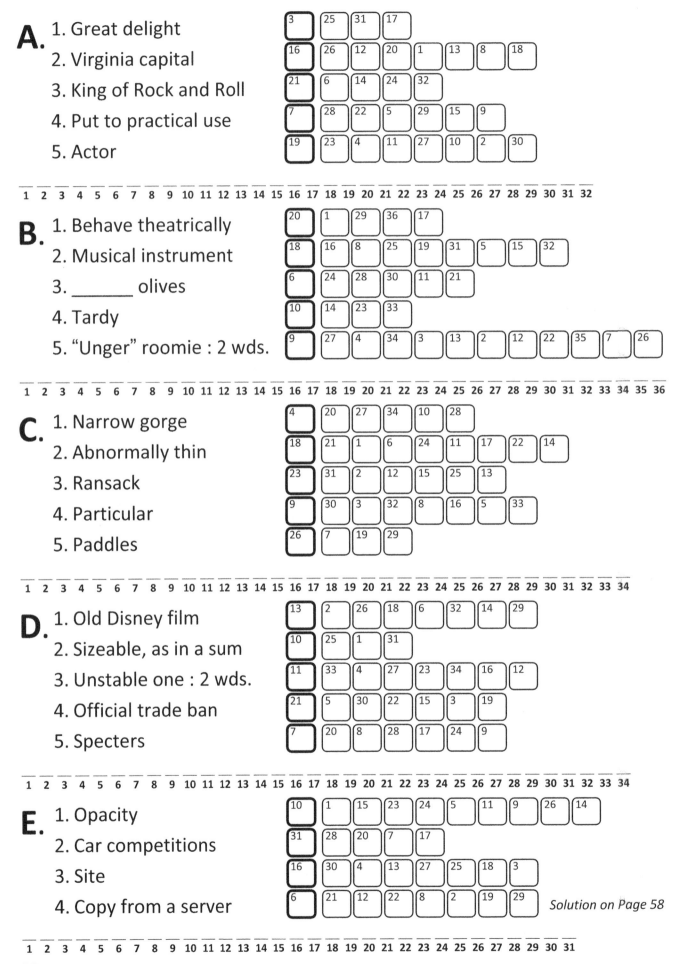

1 2 3 4 5 6 7 8 9 10 11 12 13 14 15 16 17 18 19 20 21 22 23 24 25 26 27 28 29 30 31 32

B.
1. Behave theatrically
2. Musical instrument
3. _____ olives
4. Tardy
5. "Unger" roomie : 2 wds.

1 2 3 4 5 6 7 8 9 10 11 12 13 14 15 16 17 18 19 20 21 22 23 24 25 26 27 28 29 30 31 32 33 34 35 36

C.
1. Narrow gorge
2. Abnormally thin
3. Ransack
4. Particular
5. Paddles

1 2 3 4 5 6 7 8 9 10 11 12 13 14 15 16 17 18 19 20 21 22 23 24 25 26 27 28 29 30 31 32 33 34

D.
1. Old Disney film
2. Sizeable, as in a sum
3. Unstable one : 2 wds.
4. Official trade ban
5. Specters

1 2 3 4 5 6 7 8 9 10 11 12 13 14 15 16 17 18 19 20 21 22 23 24 25 26 27 28 29 30 31 32 33 34

E.
1. Opacity
2. Car competitions
3. Site
4. Copy from a server

Solution on Page 58

1 2 3 4 5 6 7 8 9 10 11 12 13 14 15 16 17 18 19 20 21 22 23 24 25 26 27 28 29 30 31

LITERATURE PUZZLE 4

A.
1. Blends together
2. Clergy member
3. Officially acceptable
4. SpaceX founder Musk
5. Two-wheeled taxis

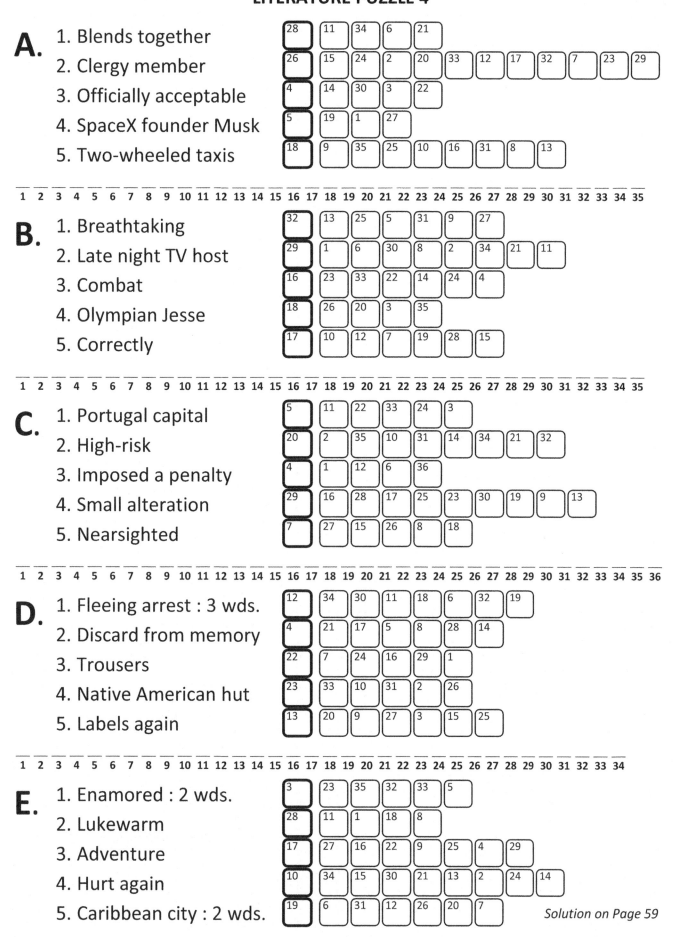

1 2 3 4 5 6 7 8 9 10 11 12 13 14 15 16 17 18 19 20 21 22 23 24 25 26 27 28 29 30 31 32 33 34 35

B.
1. Breathtaking
2. Late night TV host
3. Combat
4. Olympian Jesse
5. Correctly

1 2 3 4 5 6 7 8 9 10 11 12 13 14 15 16 17 18 19 20 21 22 23 24 25 26 27 28 29 30 31 32 33 34 35

C.
1. Portugal capital
2. High-risk
3. Imposed a penalty
4. Small alteration
5. Nearsighted

1 2 3 4 5 6 7 8 9 10 11 12 13 14 15 16 17 18 19 20 21 22 23 24 25 26 27 28 29 30 31 32 33 34 35 36

D.
1. Fleeing arrest : 3 wds.
2. Discard from memory
3. Trousers
4. Native American hut
5. Labels again

1 2 3 4 5 6 7 8 9 10 11 12 13 14 15 16 17 18 19 20 21 22 23 24 25 26 27 28 29 30 31 32 33 34

E.
1. Enamored : 2 wds.
2. Lukewarm
3. Adventure
4. Hurt again
5. Caribbean city : 2 wds.

Solution on Page 59

1 2 3 4 5 6 7 8 9 10 11 12 13 14 15 16 17 18 19 20 21 22 23 24 25 26 27 28 29 30 31 32 33 34 35

MUSIC PUZZLE 4

A.
1. Simone Biles, for one
2. Cover again
3. "Anchors _____"
4. Oral rinse
5. Oddballs

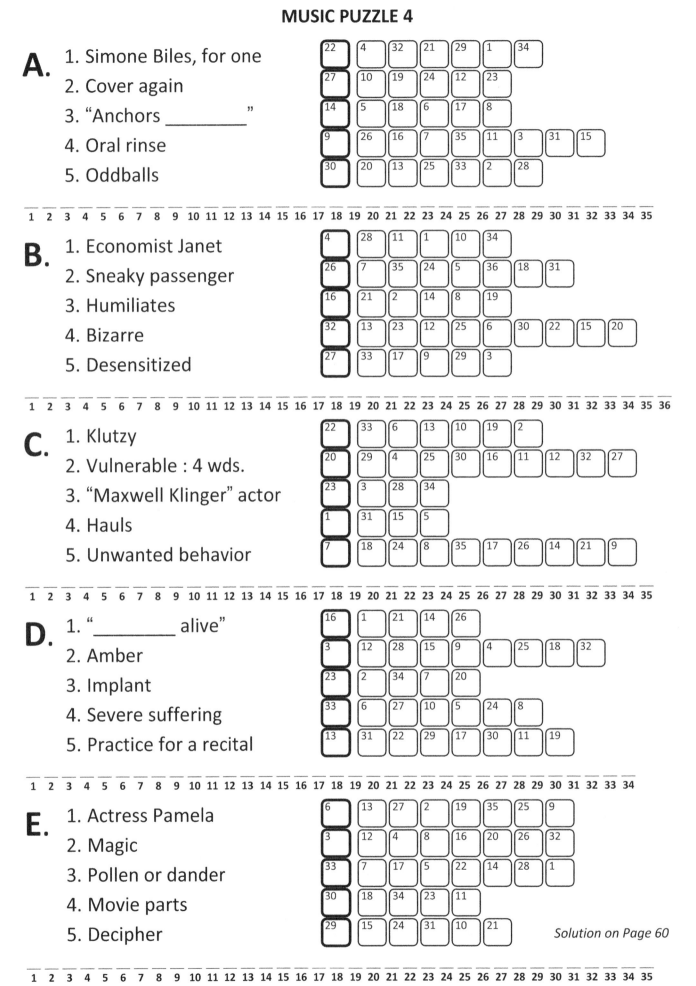

1 2 3 4 5 6 7 8 9 10 11 12 13 14 15 16 17 18 19 20 21 22 23 24 25 26 27 28 29 30 31 32 33 34 35

B.
1. Economist Janet
2. Sneaky passenger
3. Humiliates
4. Bizarre
5. Desensitized

1 2 3 4 5 6 7 8 9 10 11 12 13 14 15 16 17 18 19 20 21 22 23 24 25 26 27 28 29 30 31 32 33 34 35 36

C.
1. Klutzy
2. Vulnerable : 4 wds.
3. "Maxwell Klinger" actor
4. Hauls
5. Unwanted behavior

1 2 3 4 5 6 7 8 9 10 11 12 13 14 15 16 17 18 19 20 21 22 23 24 25 26 27 28 29 30 31 32 33 34 35

D.
1. "_____ alive"
2. Amber
3. Implant
4. Severe suffering
5. Practice for a recital

1 2 3 4 5 6 7 8 9 10 11 12 13 14 15 16 17 18 19 20 21 22 23 24 25 26 27 28 29 30 31 32 33 34

E.
1. Actress Pamela
2. Magic
3. Pollen or dander
4. Movie parts
5. Decipher

Solution on Page 60

1 2 3 4 5 6 7 8 9 10 11 12 13 14 15 16 17 18 19 20 21 22 23 24 25 26 27 28 29 30 31 32 33 34 35

TELEVISION PUZZLE 9

A.
1. Farm buildings
2. "Dirty Harry" actor
3. "Perfect" singer
4. "The Who" member Pete
5. Defeats decisively

1 2 3 4 5 6 7 8 9 10 11 12 13 14 15 16 17 18 19 20 21 22 23 24 25 26 27 28 29 30 31 32 33 34 35

B.
1. Alert and aware : 3 wds.
2. Bad computer code
3. Bugs Bunny hunter Fudd
4. Pour a liquid over
5. Analyzing details : 3 wds.

1 2 3 4 5 6 7 8 9 10 11 12 13 14 15 16 17 18 19 20 21 22 23 24 25 26 27 28 29 30 31 32 33 34 35 36

C.
1. "All is understood" : 2 wds.
2. Alfred Hitchcock film
3. Kurylenko and Korbut
4. Actress Dunaway
5. Suspended discussion of

1 2 3 4 5 6 7 8 9 10 11 12 13 14 15 16 17 18 19 20 21 22 23 24 25 26 27 28 29 30 31 32 33 34 35

D.
1. Shouted
2. Vigorous attempt
3. Suffer something difficult
4. Military badge mark
5. Firefly

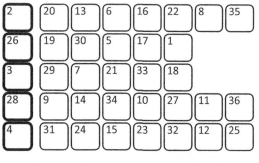

1 2 3 4 5 6 7 8 9 10 11 12 13 14 15 16 17 18 19 20 21 22 23 24 25 26 27 28 29 30 31 32 33 34 35 36

E.
1. Lacking spirit : hyph. wd.
2. Ruins a car
3. Contaminate
4. _____ Set
5. Up to this point : 2 wds.

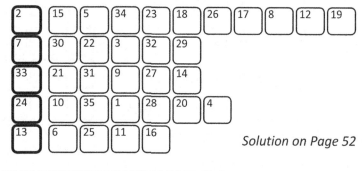

Solution on Page 52

1 2 3 4 5 6 7 8 9 10 11 12 13 14 15 16 17 18 19 20 21 22 23 24 25 26 27 28 29 30 31 32 33 34 35

MOVIES PUZZLE 9

A.
1. Greek letter
2. Most timid
3. Inner circles
4. Accomplishment
5. Mussed one's hair

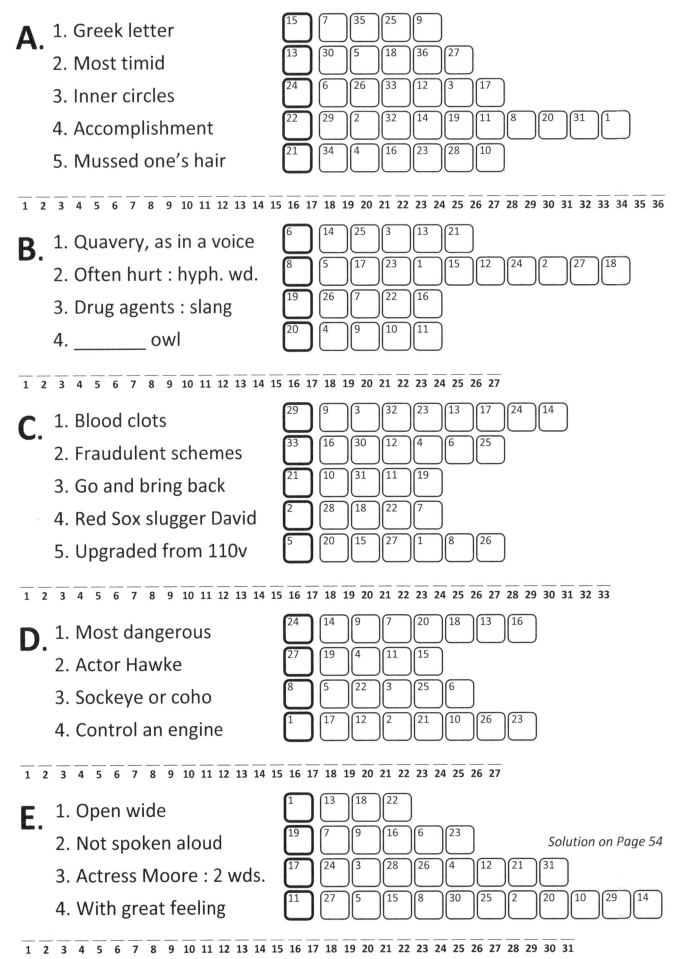

A grid of lettered squares:

Row 1: 15 7 35 25 9
Row 2: 13 30 5 18 36 27
Row 3: 24 6 26 33 12 3 17
Row 4: 22 29 2 32 14 19 11 8 20 31 1
Row 5: 21 34 4 16 23 28 10

1 2 3 4 5 6 7 8 9 10 11 12 13 14 15 16 17 18 19 20 21 22 23 24 25 26 27 28 29 30 31 32 33 34 35 36

B.
1. Quavery, as in a voice
2. Often hurt : hyph. wd.
3. Drug agents : slang
4. _____ owl

Row 1: 6 14 25 3 13 21
Row 2: 8 5 17 23 1 15 12 24 2 27 18
Row 3: 19 26 7 22 16
Row 4: 20 4 9 10 11

1 2 3 4 5 6 7 8 9 10 11 12 13 14 15 16 17 18 19 20 21 22 23 24 25 26 27

C.
1. Blood clots
2. Fraudulent schemes
3. Go and bring back
4. Red Sox slugger David
5. Upgraded from 110v

Row 1: 29 9 3 32 23 13 17 24 14
Row 2: 33 16 30 12 4 6 25
Row 3: 21 10 31 11 19
Row 4: 2 28 18 22 7
Row 5: 5 20 15 27 1 8 26

1 2 3 4 5 6 7 8 9 10 11 12 13 14 15 16 17 18 19 20 21 22 23 24 25 26 27 28 29 30 31 32 33

D.
1. Most dangerous
2. Actor Hawke
3. Sockeye or coho
4. Control an engine

Row 1: 24 14 9 7 20 18 13 16
Row 2: 27 19 4 11 15
Row 3: 8 5 22 3 25 6
Row 4: 1 17 12 2 21 10 26 23

1 2 3 4 5 6 7 8 9 10 11 12 13 14 15 16 17 18 19 20 21 22 23 24 25 26 27

E.
1. Open wide
2. Not spoken aloud
3. Actress Moore : 2 wds.
4. With great feeling

Row 1: 1 13 18 22
Row 2: 19 7 9 16 6 23
Row 3: 17 24 3 28 26 4 12 21 31
Row 4: 11 27 5 15 8 30 25 2 20 10 29 14

Solution on Page 54

1 2 3 4 5 6 7 8 9 10 11 12 13 14 15 16 17 18 19 20 21 22 23 24 25 26 27 28 29 30 31

GEOGRAPHY PUZZLE 5

A.
1. Improve the value of
2. Agreed by all
3. Acting too quickly
4. Completely destroys

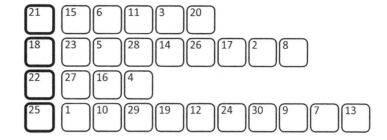

21	15	6	11	3	20
18	23	5	28	14	26	17	2	8
22	27	16	4
25	1	10	29	19	12	24	30	9	7	13

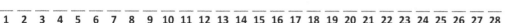

1 2 3 4 5 6 7 8 9 10 11 12 13 14 15 16 17 18 19 20 21 22 23 24 25 26 27 28 29 30

B.
1. Small group of words
2. Productive
3. Very handsome man
4. Brain cells

1	22	7	2	13	23
11	14	6	26	10	4	25	9	21
8	18	15	20	12	5
17	28	16	3	19	27	24

1 2 3 4 5 6 7 8 9 10 11 12 13 14 15 16 17 18 19 20 21 22 23 24 25 26 27 28

C.
1. Narrow boats
2. Sticks fast
3. Everlasting
4. Tattoo

1	16	10	2	23	12
26	22	6	19	27	9	17
3	15	20	25	7	24	4	14	18
11	5	28	13	21	8

1 2 3 4 5 6 7 8 9 10 11 12 13 14 15 16 17 18 19 20 21 22 23 24 25 26 27 28

D.
1. Threesomes
2. Singing voice
3. Ludicrous
4. Falling apart
5. Purpose

32	9	16	21	3
30	15	28	8
1	27	11	23	25	13	4	20	26
34	5	14	29	19	7	18	33	6	12
2	31	24	17	22	10

1 2 3 4 5 6 7 8 9 10 11 12 13 14 15 16 17 18 19 20 21 22 23 24 25 26 27 28 29 30 31 32 33 34

E.
1. Wooded
2. Resident
3. Green-eyed
4. Steam baths

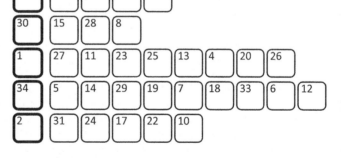
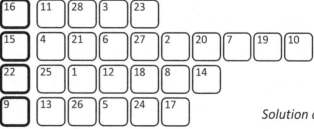

16	11	28	3	23
15	4	21	6	27	2	20	7	19	10
22	25	1	12	18	8	14
9	13	26	5	24	17

Solution on Page 55

1 2 3 4 5 6 7 8 9 10 11 12 13 14 15 16 17 18 19 20 21 22 23 24 25 26 27 28

SCIENCE PUZZLE 5

A.
1. Unwelcoming
2. Lots
3. Shenanigans
4. Sculpture material
5. Get the better of

Grid:
- Row 1: 25, 20, 8, 21
- Row 2: 17, 11, 31, 4, 32, 19
- Row 3: 12, 22, 6, 10, 26, 30, 5, 15
- Row 4: 18, 7, 29, 3, 27, 13
- Row 5: 28, 23, 1, 14, 24, 2, 16, 9

1 2 3 4 5 6 7 8 9 10 11 12 13 14 15 16 17 18 19 20 21 22 23 24 25 26 27 28 29 30 31 32

B.
1. Kenya capital
2. Guardianship
3. Bed panels
4. Scrimping, surviving
5. Tropical fruits

Grid:
- Row 1: 5, 28, 16, 22, 8, 30, 4
- Row 2: 27, 17, 12, 34, 23, 9, 20
- Row 3: 19, 35, 2, 21, 1, 14, 33, 29, 15, 7
- Row 4: 25, 3, 11, 32, 24
- Row 5: 18, 10, 26, 6, 31, 13

1 2 3 4 5 6 7 8 9 10 11 12 13 14 15 16 17 18 19 20 21 22 23 24 25 26 27 28 29 30 31 32 33 34 35

C.
1. Roaming freely : 3 wds.
2. Christmas songs
3. Ill at ease
4. Travel bags

Grid:
- Row 1: 16, 25, 9, 23, 18, 1, 24, 6, 17
- Row 2: 3, 20, 10, 14, 19, 29
- Row 3: 28, 7, 15, 8, 11, 21, 13
- Row 4: 5, 12, 27, 22, 4, 26, 2

1 2 3 4 5 6 7 8 9 10 11 12 13 14 15 16 17 18 19 20 21 22 23 24 25 26 27 28 29

D.
1. Football shoe
2. Incident
3. Mediterranean country
4. Self-assured
5. All-inclusive, as in a bill

Grid:
- Row 1: 8, 3, 23, 9, 30
- Row 2: 12, 4, 22, 6, 18, 10, 28, 32, 1, 16
- Row 3: 7, 14, 25, 15, 2
- Row 4: 17, 31, 5, 24, 33, 20
- Row 5: 19, 27, 13, 26, 11, 21, 29

1 2 3 4 5 6 7 8 9 10 11 12 13 14 15 16 17 18 19 20 21 22 23 24 25 26 27 28 29 30 31 32 33

E.
1. Single, molded car frame
2. Action star Chuck
3. Removed poison
4. Causing fear

Grid:
- Row 1: 8, 21, 12, 19, 15, 22, 3
- Row 2: 13, 24, 18, 9, 26, 31
- Row 3: 27, 6, 14, 20, 25, 4, 16, 30, 7, 28, 1
- Row 4: 11, 5, 17, 2, 23, 10, 29

Solution on Page 56

1 2 3 4 5 6 7 8 9 10 11 12 13 14 15 16 17 18 19 20 21 22 23 24 25 26 27 28 29 30 31

SPORTS PUZZLE 5

A.
1. Bridge beam
2. Considers as holy
3. All of the people
4. Large handkerchief
5. Provides authority to

1	14	28	11	36				
9	16	35	13	2	19	27		
30	24	15	31	18	4	33	17	8
32	6	21	7	12	26	10		
25	3	29	20	34	23	5	22	

1 2 3 4 5 6 7 8 9 10 11 12 13 14 15 16 17 18 19 20 21 22 23 24 25 26 27 28 29 30 31 32 33 34 35 36

B.
1. More dilapidated
2. Clock sound : hyph. wd.
3. TV or radio bulletin
4. Family fights
5. Actress Linney

10	29	12	5	31	16	23	27
28	2	21	4	7	26	3	22
17	30	11	35	19	24	32	20	8
25	18	9	1	13			
15	33	6	34	14			

1 2 3 4 5 6 7 8 9 10 11 12 13 14 15 16 17 18 19 20 21 22 23 24 25 26 27 28 29 30 31 32 33 34 35

C.
1. Shows affection
2. Smooth _____
3. Without any help : 3 wds.
4. Stories
5. Hundred dollar bills

27	10	21	6	14			
28	16	35	18	26	7	20	36
12	9	31	5	15	29	2	11	34
30	8	22	17	23			
19	3	32	1	24	4	33	13	25

1 2 3 4 5 6 7 8 9 10 11 12 13 14 15 16 17 18 19 20 21 22 23 24 25 26 27 28 29 30 31 32 33 34 35 36

D.
1. Tools from the past
2. Drawn-out
3. Favor : 2 wds.
4. Animal quarry
5. Solitary

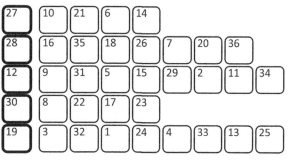

19	4	26	32	23	33	7	16	36
1	21	6	31	9	27	20		
15	8	2	29	35	13	3	10	14	22
17	25	5	11					
12	24	34	28	18	30			

1 2 3 4 5 6 7 8 9 10 11 12 13 14 15 16 17 18 19 20 21 22 23 24 25 26 27 28 29 30 31 32 33 34 35 36

E.
1. Obtain
2. Pulling suddenly
3. Donation to a college
4. Move to a new pot
5. Cavalry sword

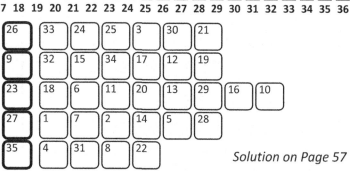

26	33	24	25	3	30	21	
9	32	15	34	17	12	19	
23	18	6	11	20	13	29	16	10
27	1	7	2	14	5	28	
35	4	31	8	22			

Solution on Page 57

1 2 3 4 5 6 7 8 9 10 11 12 13 14 15 16 17 18 19 20 21 22 23 24 25 26 27 28 29 30 31 32 33 34 35

A.
1. Ugly old women
2. Be accepted
3. Thin, as in fabric
4. Breathing disorder : 2 wds.
5. Make-believe

27	11	23	5	28	17				
9	35	14	4	19	31				
24	6	29	10	36					
1	8	21	34	13	18	25	33	7	26
32	3	20	12	2	30	15	22	16	

1 2 3 4 5 6 7 8 9 10 11 12 13 14 15 16 17 18 19 20 21 22 23 24 25 26 27 28 29 30 31 32 33 34 35 36

B.
1. Shabby
2. Has a collision
3. Luxurious
4. Appease
5. Make fun of

35	12	8	20	15	32	27	7	29	33
11	21	31	5	19	24	6			
25	13	10	23	2	30	18			
1	22	3	14	4	26	16			
34	28	9	17	36					

1 2 3 4 5 6 7 8 9 10 11 12 13 14 15 16 17 18 19 20 21 22 23 24 25 26 27 28 29 30 31 32 33 34 35 36

C.
1. Uprightness
2. Straying from a proper path
3. Spanned
4. Well informed : 3 wds.
5. Relevant

8	32	4	31	20	28	16		
3	24	11	22	33	1			
9	23	6	27	17	26	36		
25	14	19	2	18	30	10	29	12
7	13	35	21	34	15	5		

1 2 3 4 5 6 7 8 9 10 11 12 13 14 15 16 17 18 19 20 21 22 23 24 25 26 27 28 29 30 31 32 33 34 35 36

D.
1. "Bad _____" : film
2. In the middle of
3. Walter Cronkite, for one
4. Overshoes
5. Postulated

28	9	19	1					
34	14	31	27	17	12			
7	3	24	16	10	29	32		
33	18	4	25	8	22	11	20	
21	2	23	6	26	13	30	15	5

1 2 3 4 5 6 7 8 9 10 11 12 13 14 15 16 17 18 19 20 21 22 23 24 25 26 27 28 29 30 31 32 33 34

E.
1. Seizes an airplane
2. Long periods of time
3. Secretly : 3 wds.
4. In a fundamental way
5. Chattering

Solution on Page 52

28	13	1	16	32	12	30		
10	21	4	18					
2	5	35	3	20	34	9	17	
24	8	25	33	11	26	19	15	29
6	23	14	27	31	22	7		

1 2 3 4 5 6 7 8 9 10 11 12 13 14 15 16 17 18 19 20 21 22 23 24 25 26 27 28 29 30 31 32 33 34 35

A.
1. Sewing finger cups
2. Rorschach test cards
3. "Much obliged" : 2 wds.
4. Wear away
5. Recently

3	14	11	26	31	29	9	18
19	17	1	23	28	33	8	10
13	4	7	35	21	30	27	16
22	6	32	2	12	25
20	15	34	24	5

1 2 3 4 5 6 7 8 9 10 11 12 13 14 15 16 17 18 19 20 21 22 23 24 25 26 27 28 29 30 31 32 33 34 35

B.
1. Doing hard time : 3 wds.
2. Pantomimes
3. Cricket player
4. Time periods

3	11	27	23	8	21	28	12	24	18
4	19	7	29	16	9	15	26
5	22	14	17	10	2
20	1	25	6	13

1 2 3 4 5 6 7 8 9 10 11 12 13 14 15 16 17 18 19 20 21 22 23 24 25 26 27 28 29

C.
1. Cornered pie boy : 2 wds.
2. Embarrassed
3. Actor Damon
4. TV show installment

8	16	10	11	26	2	20	6	24	1
19	17	9	25	23	4	7
12	5	22	15
14	28	27	3	18	21	13

1 2 3 4 5 6 7 8 9 10 11 12 13 14 15 16 17 18 19 20 21 22 23 24 25 26 27 28

D.
1. Globe-shaped
2. Bewilder
3. Settle a dispute
4. Doled out justice

27	19	2	16	10	5	21	29	6
28	26	11	4	23	17	8
14	30	15	20	1	24	9	18	12
7	25	22	3	13

1 2 3 4 5 6 7 8 9 10 11 12 13 14 15 16 17 18 19 20 21 22 23 24 25 26 27 28 29 30

E.
1. James Bond car seat
2. Los Angeles sports team
3. All the rest
4. Not in any place

24	1	16	21	17	14	8
11	2	3	20
7	15	18	10	23	5
9	22	12	6	19	13	4

Solution on Page 54

1 2 3 4 5 6 7 8 9 10 11 12 13 14 15 16 17 18 19 20 21 22 23 24

HISTORY PUZZLE 5

A.
1. Arizona city
2. Tools and machinery
3. Unloads the contents
4. Mazes
5. Large wading bird

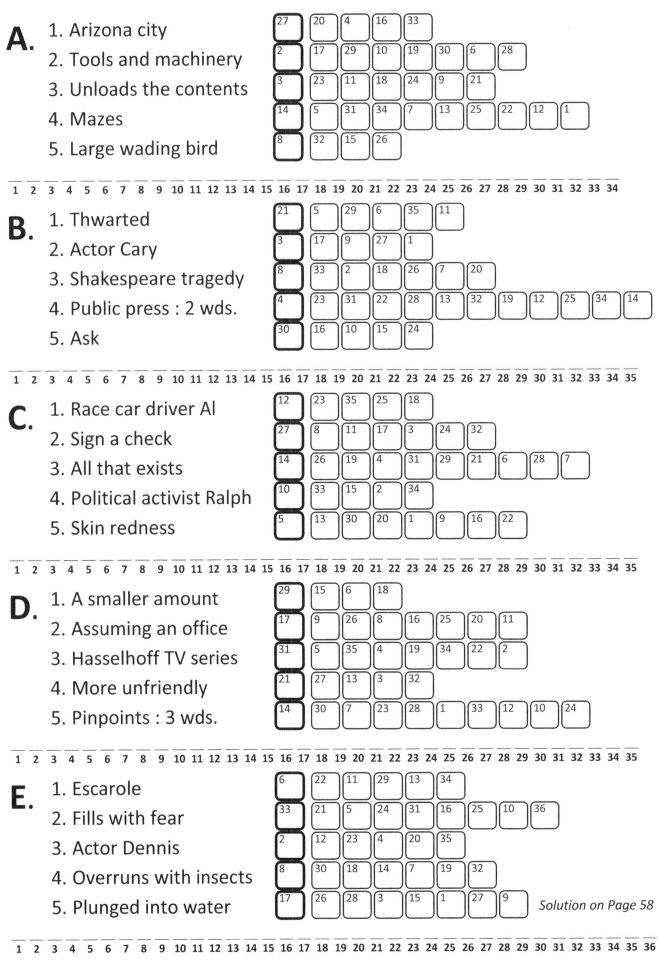

1 2 3 4 5 6 7 8 9 10 11 12 13 14 15 16 17 18 19 20 21 22 23 24 25 26 27 28 29 30 31 32 33 34

B.
1. Thwarted
2. Actor Cary
3. Shakespeare tragedy
4. Public press : 2 wds.
5. Ask

1 2 3 4 5 6 7 8 9 10 11 12 13 14 15 16 17 18 19 20 21 22 23 24 25 26 27 28 29 30 31 32 33 34 35

C.
1. Race car driver Al
2. Sign a check
3. All that exists
4. Political activist Ralph
5. Skin redness

1 2 3 4 5 6 7 8 9 10 11 12 13 14 15 16 17 18 19 20 21 22 23 24 25 26 27 28 29 30 31 32 33 34 35

D.
1. A smaller amount
2. Assuming an office
3. Hasselhoff TV series
4. More unfriendly
5. Pinpoints : 3 wds.

1 2 3 4 5 6 7 8 9 10 11 12 13 14 15 16 17 18 19 20 21 22 23 24 25 26 27 28 29 30 31 32 33 34 35

E.
1. Escarole
2. Fills with fear
3. Actor Dennis
4. Overruns with insects
5. Plunged into water

Solution on Page 58

1 2 3 4 5 6 7 8 9 10 11 12 13 14 15 16 17 18 19 20 21 22 23 24 25 26 27 28 29 30 31 32 33 34 35 36

LITERATURE PUZZLE 5

A.
1. Scholastic
2. Party gifts
3. "Lend me your _____"
4. Moves deviously
5. Columbus craft : 2 wds.

1 2 3 4 5 6 7 8 9 10 11 12 13 14 15 16 17 18 19 20 21 22 23 24 25 26 27 28 29 30 31 32 33

B.
1. Common desert animals
2. Uninformed : 3 wds.
3. U.K. to France fast train
4. U.S. trade pact : abbr.
5. Conveyed to a place

1 2 3 4 5 6 7 8 9 10 11 12 13 14 15 16 17 18 19 20 21 22 23 24 25 26 27 28 29 30 31 32 33 34 35

C.
1. Inexplicable thing
2. Young horses
3. Christmas decorations
4. Contradicts : 2 wds.
5. 1954 Sci-Fi film

1 2 3 4 5 6 7 8 9 10 11 12 13 14 15 16 17 18 19 20 21 22 23 24 25 26 27 28 29 30 31 32 33

D.
1. Repeat
2. Likelihood
3. Without artificial aid
4. Heat
5. Stretchable

1 2 3 4 5 6 7 8 9 10 11 12 13 14 15 16 17 18 19 20 21 22 23 24 25 26 27 28 29 30 31 32 33

E.
1. Unfair legal treatment
2. Tennis or golf contest
3. Dodges a question
4. "Good Times" actress
5. Parodies

Solution on Page 59

1 2 3 4 5 6 7 8 9 10 11 12 13 14 15 16 17 18 19 20 21 22 23 24 25 26 27 28 29 30 31 32 33 34 35 36

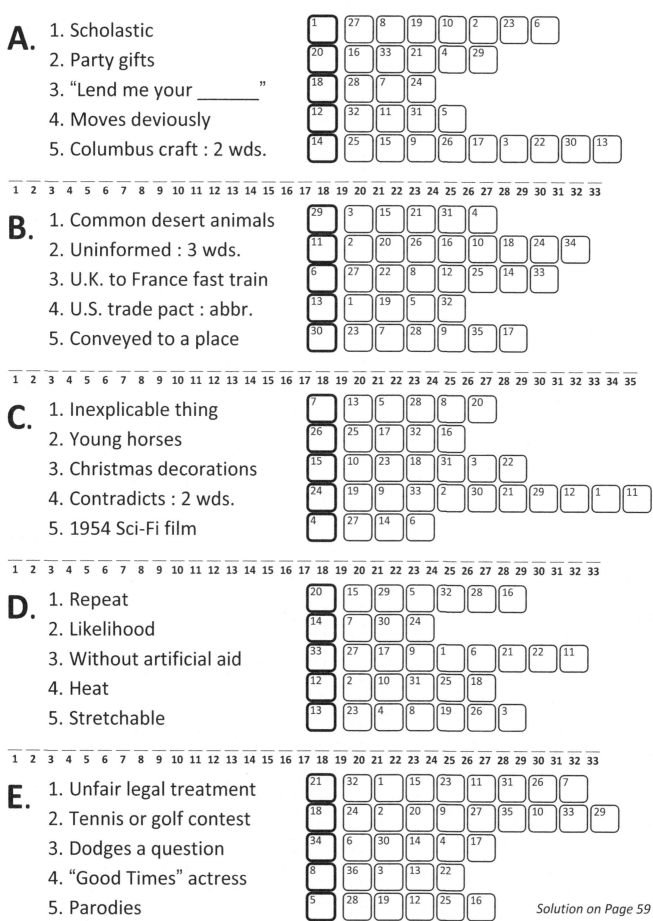

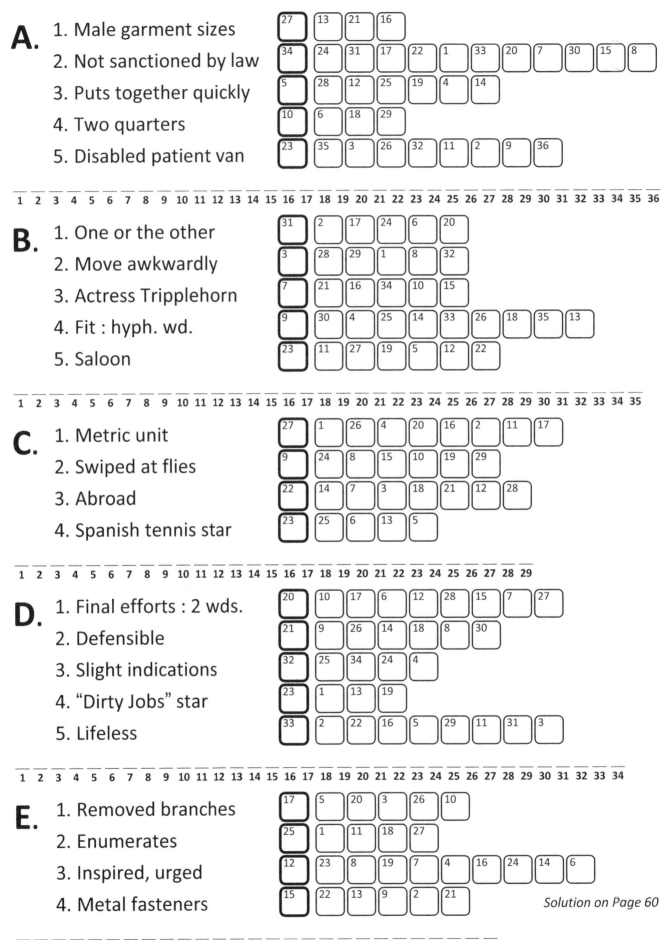

A.
1. Male garment sizes
2. Not sanctioned by law
3. Puts together quickly
4. Two quarters
5. Disabled patient van

1 2 3 4 5 6 7 8 9 10 11 12 13 14 15 16 17 18 19 20 21 22 23 24 25 26 27 28 29 30 31 32 33 34 35 36

B.
1. One or the other
2. Move awkwardly
3. Actress Tripplehorn
4. Fit : hyph. wd.
5. Saloon

1 2 3 4 5 6 7 8 9 10 11 12 13 14 15 16 17 18 19 20 21 22 23 24 25 26 27 28 29 30 31 32 33 34 35

C.
1. Metric unit
2. Swiped at flies
3. Abroad
4. Spanish tennis star

1 2 3 4 5 6 7 8 9 10 11 12 13 14 15 16 17 18 19 20 21 22 23 24 25 26 27 28 29

D.
1. Final efforts : 2 wds.
2. Defensible
3. Slight indications
4. "Dirty Jobs" star
5. Lifeless

1 2 3 4 5 6 7 8 9 10 11 12 13 14 15 16 17 18 19 20 21 22 23 24 25 26 27 28 29 30 31 32 33 34

E.
1. Removed branches
2. Enumerates
3. Inspired, urged
4. Metal fasteners

Solution on Page 60

1 2 3 4 5 6 7 8 9 10 11 12 13 14 15 16 17 18 19 20 21 22 23 24 25 26 27

Solutions For Television Puzzles 1 - 5

TELEVISION 1 – The Best Medical Dramas

A. "St. Elsewhere" was set at Boston's St. Eligius   1. **T**ourist 2. **H**ews 3. **E**ssentials 4. **B**estows 5. **E**aglets

B. "Grey's Anatomy" introduced Doctor McDreamy   1. **S**cotty 2. **T**eddy 3. **M**arauder 4. **E**rgonomic 5. **D**ormancy

C. Neil Patrick Harris was "Doogie Howser, M.D."   1. **I**rrigation 2. **C**homper 3. **A**wkward 4. **L**ose 5. **D**ishes

D. "ER" had many stars, including George Clooney   1. **R**esign 2. **A**cing 3. **M**entor 4. **A**rchaeology 5. **S**uddenly

TELEVISION 2 – Private Investigators

A. In "Vegas", Robert Urich sped around in a T-Bird   1. **P**rosthetic 2. **R**ider 3. **I**nsider 4. **V**agabond 5. **A**uburn

B. Kristen Bell was the star of "Veronica Mars"   1. **T**hrowbacks 2. **E**rases 3. **I**nfiltrate 4. **N**orms 5. **V**eal

C. Tom Selleck had the title role in "Magnum, P.I."   1. **E**liot 2. **S**hamrock 3. **T**he Tin Man 4. **I**mpelled 5. **G**lute

D. "Charlie's Angels" got their cases by phone   1. **A**sphalt 2. **T**highbone 3. **O**les 4. **R**egains 5. **S**ecrecy

TELEVISION 3 – Classic Variety Series

A. "The Carol Burnett Show" garnered many Emmys   1. **C**an't 2. **L**andowner 3. **A**mber 4. **S**ymmetry 5. **S**ee Through

B. "Sonny and Cher" still hosted after a divorce   1. **I**n fact 2. **C**ontorted 3. **V**arnished 4. **A**shley 5. **R**esold

C. "Saturday Night Live" gave us The Coneheads   1. **I**nsulated 2. **E**gghead 3. **T**rove 4. **Y**eshiva 5. **S**taunch

D. Elvis Presley sang on "The Ed Sullivan Show"   1. **E**spy 2. **R**udest 3. **I**nvolves 4. **E**ngines 5. **S**hallow Hal

TELEVISION 4 – Show About Nothing : Seinfeld

A. Larry David was one of the show's creators   1. **S**ardines 2. **H**orsefly 3. **O**verdraw 4. **W**oos 5. **A**ttach

B. Kramer's first name turned out to be Cosmo   1. **B**ottoms 2. **O**urs 3. **U**niforms 4. **T**rack meet 5. **N**eared

C. Teri Hatcher portrayed Sidra Holland   1. **O**rderly 2. **T**hatch 3. **H**older 4. **I**rradiate 5. **N**aps

D. Newman is Jerry's neighbor and antagonist   1. **G**rowth 2. **S**mart 3. **E**nsign 4. **I**ndiana Jones 5. **N**earby

E. In the finale, the group is arrested   1. **F**right 2. **E**uropean 3. **L**ather 4. **D**estinies

TELEVISION 5 – The One with the Title Friends

A. The six often meet at the Central Perk Cafe   1. **T**entacle 2. **H**eir 3. **E**xpect 4. **O**ff the mark 5. **N**eatest

B. David Schwimmer's role is a paleontologist   1. **E**scape room 2. **W**arts 3. **I**ll-advised 4. **T**oils 5. **H**oming

C. Ross and Rachel date and break up many times   1. **T**ammy 2. **H**ard as a rock 3. **E**splanade 4. **T**unes 5. **I**nbred

D. Jennifer Aniston stars as Rachel Green   1. **T**rash 2. **L**ansing 3. **E**nsnare 4. **F**ares 5. **R**ejection

E. In season seven, Chandler marries Monica   1. **I**nch 2. **E**n masse 3. **N**orman Lear 4. **D**ecisive 5. **S**onar

Solutions For Television Puzzles 6 - 10

TELEVISION 6 – Police Series : Hawaii Five-O

A. A popular catchphrase is "Book 'em Danno"
1. **P**anorama 2. **O**ath 3. **L**unch break 4. **I**Pods 5. **C**opes

B. Leonard Freeman was the creator
1. **E**nforcement 2. **S**alad 3. **E**artha 4. **R**ower

C. The show was on the air for twelve seasons
1. **I**owa 2. **E**nthrones 3. **S**hortwave 4. **H**ostless 5. **A** few

D. "Danno" is the nickname of Danny Williams
1. **W**hisk 2. **A**nnoyance 3. **I**n demand 4. **I**nstill 5. **F**oam

E. Steve is a former navy lieutenant
1. **I**nfuriate 2. **V**ents 3. **E**manates 4. **O**verly

TELEVISION 7 – Star Trek : The Original Series

A. The show was cancelled after three seasons
1. **S**eashells 2. **T**eaches 3. **A**nnes 4. **R**ethrow 5. **T**wo-faced

B. William Shatner plays Captain Kirk
1. **R**apt 2. **E**lway 3. **K**licks 4. **T**alisman 5. **H**airpin

C. It became a bigger hit after syndication
1. **E**stimate 2. **O**beying 3. **R**each 4. **I**n a bit 5. **G**ift card

D. George Takei is Sulu, the ship's helmsman
1. **I**mpasse 2. **N**iger 3. **A** must 4. **L**ighthouse 5. **S**hekel

E. The U.S.S. Enterprise had a five-year mission
1. **E**ssayist 2. **R**efined 3. **I**mpervious 4. **E**arn 5. **S**heath

TELEVISION 8 – Popular Shows of the Eighties

A. As Hannibal, George Peppard runs "The A-Team"
1. **P**asta 2. **O**n the mend 3. **P**apa Bear 4. **U**shering 5. **L**arge

B. In "Hart To Hart", Robert Wagner is Jonathan
1. **A**t heart 2. **R**anting 3. **S**train 4. **H**arrow 5. **O**n the job

C. "Dallas" tells us stories of the Ewing family
1. **W**illfully 2. **S**ortie 3. **O**n stage 4. **F**amished 5. **T**assel

D. Betty White and Bea Arthur are "Golden Girls"
1. **H**ubbard 2. **E**rstwhile 3. **E**longated 4. **I**rate 5. **G**antry

E. Don Johnson's role on "Miami Vice" is Crockett
1. **H**as in common 2. **T**ick 3. **I**njector 4. **E**rosion 5. **S**olved

TELEVISION 9 – Best Comedies of the Eighties

A. On "Cheers" Ted Danson was Sam, the bar's owner
1. **B**arns 2. **E**astwood 3. **S**heeran 4. **T**ownshend 5. **C**reams

B. Emmanuel Lewis had the lead role on "Webster"
1. **O**n the ball 2. **M**alware 3. **E**lmer 4. **D**ouse 5. **I**n the weeds

C. Bob Saget played a single dad on "Full House"
1. **E**nough said 2. **S**pellbound 3. **O**lgas 4. **F**aye 5. **T**abled

D. "The Golden Girls" were four women in Florida
1. **H**ollered 2. **E**ffort 3. **E**ndure 4. **I**nsignia 5. **G**lowworm

E. Charlotte Rae starred on "The Facts of Life"
1. **H**alf-hearted 2. **T**otals 3. **I**nfect 4. **E**rector 5. **S**o far

TELEVISION 10 – CBS Sitcom : The Big Bang Theory

A. Simon Helberg plays an aerospace engineer
1. **C**rones 2. **B**elong 3. **S**heer 4. **S**leep Apnea 5. **I**maginary

B. Melissa Rauch plays the role of Bernadette
1. **T**hreadbare 2. **C**rashes 3. **O**pulent 4. **M**ollify 5. **T**ease

C. The neighbor Penny gets married to Leonard
1. **H**onesty 2. **E**rrant 3. **B**ridged 4. **I**n the loop 5. **G**ermane

D. Sheldon sometimes says the word "Bazinga"
1. **B**oys 2. **A**midst 3. **N**ewsman 4. **G**aloshes 5. **T**heorized

E. Johnny Galecki plays Leonard, a physicist
1. **H**ijacks 2. **E**ons 3. **O**n the sly 4. **R**adically 5. **Y**apping

Solutions For Movies Puzzles 1 - 5

MOVIES 1 – The Silence of the Lambs

A. Anthony Hopkins is Dr. Hannibal Lecter

1. **T**horny 2. **H**acked 3. **E**nroll in 4. **S**pans 5. **I**nhabit

B. Jodie Foster is trainee Clarice Starling

1. **L**ies 2. **E**radicate 3. **N**iftiest 4. **C**ajoling 5. **E**rrors

C. Anthony Heald is Dr. Frederick Chilton

1. **O**ddly 2. **F**irst 3. **T**hicken 4. **H**orner 5. **E**nchilada

D. Diane Baker plays Senator Martin

1. **L**ean-to 2. **A**sia 3. **M**andy 4. **B**reaker 5. **S**print

MOVIES 2 – Bourne Movie Franchise

A. The films are based on Robert Ludlum's books

1. **B**eams 2. **O**ld folks home 3. **U**lterior 4. **R**usts 5. **N**abbed

B. The agent is told his real name is David Webb

1. **E**dibles 2. **M**ailed 3. **O**n the draw 4. **V**istas 5. **I**n the bag

C. Marie Kreutz is first seen in the consulate

1. **E**nsue 2. **F**ertilize 3. **R**ises 4. **A**ttack 5. **N**ourishment

D. Matt Damon plays Jason, the title character

1. **C**ataracts 2. **H**amlet 3. **I**mportant 4. **S**halt 5. **E**njoyed

MOVIES 3 – Raiders of the Lost Ark

A. Harrison Ford plays Doctor Indiana Jones

1. **R**apids 2. **A**fros 3. **I**ndicator 4. **D**on Johnson 5. **E**arly

B. The film's director was Steven Spielberg

1. **R**embrandt 2. **S**pices 3. **O**verweight 4. **F**ees 5. **T**ills

C. Denholm Elliott is a curator

1. **H**amill 2. **E**ducator 3. **L**iters 4. **O**nto

D. Karen Allen stars as Marion Ravenwood

1. **S**wore in 2. **T**remor 3. **A**lan Alda 4. **R**oans 5. **K**naves

MOVIES 4 – Diamonds are Forever

A. Sean Connery plays Bond for the sixth time

1. **D**eborah 2. **I**nspects 3. **A**nxiety 4. **M**orns 5. **O**n the fly

B. Bond impersonates assassin Peter Franks

1. **N**ot so fast 2. **D**isembarks 3. **S**prains 4. **A**spen 5. **R**ene

C. Ernst Blofeld is the head of SPECTRE

1. **E**bsen 2. **F**lashed 3. **O**rthopedist 4. **R**eflect

D. Many scenes were shot in Las Vegas

1. **E**nglishwoman 2. **V**ases 3. **E**ssay 4. **R**ecent

MOVIES 5 – Back To The Future Movie

A. Doc Brown's DeLorean works as a time machine

1. **B**eans 2. **A**lameda 3. **C**howder 4. **K**imonos 5. **T**own Criers

B. Michael J. Fox stars in the lead role as Marty

1. **O**ldman 2. **T**rajectory 3. **H**arts 4. **E**xhales 5. **F**amilies

C. The Flux Capacitor is used in time travel

1. **U**plift 2. **T**he Exorcist 3. **U**ncle Sam 4. **R**aid 5. **E**vita

D. Marty improves his life by going to the past

1. **M**ythology 2. **O**afs 3. **V**ibrating 4. **I**mpress 5. **E**pithet

Solutions For Movies Puzzles 6 - 10

MOVIES 6 – Mission Impossible Films

A. The movies are based on a television show   1. **M**isbehave 2. **I**nterwoven 3. **S**ealed 4. **S**hoos 5. **I**ota

B. In the movies, Tom Cruise is Ethan Hunt   1. **O**n the hunt 2. **N**astier 3. **I**tem 4. **M**ischievous

C. In "Fallout", the IMF battles "The Apostles"   1. **P**lots 2. **O**blate 3. **S**tealth 4. **S**huffle 5. **I**ntimate

D. The franchise has earned billions   1. **B**asil 2. **L**ionheart 3. **E**nhanced 4. **F**ishers

E. Michelle Monaghan is Julia Meade   1. **I**n a jam 2. **L**ouie 3. **M**achined 4. **S**hell game

MOVIES 7 – Star Wars Movies : Episode IV

A. Alec Guiness stars as Obi-Wan Kenobi   1. **S**obs 2. **T**ina 3. **A**bacus 4. **R**eligions 5. **W**eakens

B. Princess Leia is a Senate member   1. **A**menable 2. **R**etain 3. **S**pecies 4. **M**isers

C. "The Force" gives us metaphysical powers   1. **O**peras 2. **V**ouches 3. **I**mperfect 4. **E**ighty 5. **S**laws

D. Rebels are battling "The Empire"   1. **E**mber 2. **P**liable 3. **I**nteger 4. **S**hatter

E. Darth Vader is a ruthless Imperial Officer   1. **O**rchestra 2. **D**raftier 3. **E**lfish 4. **I**mpairs 5. **V**alued

MOVIES 8 – One Flew Over The Cuckoo's Nest

A. Michael Douglas was one of its producers   1. **O**scar Wilde 2. **N**ASA 3. **E**pics 4. **F**orges 5. **L**oudmouth

B. It garnered five of the top Academy Awards   1. **E**scargot 2. **W**arded 3. **O**f a feather 4. **V**apid 5. **E**nmity

C. Jack Nicholson's role is a mental patient   1. **R**atio 2. **T**om Jones 3. **H**anks 4. **E**lliptical 5. **C**annes

D. The film takes place in an Oregon asylum   1. **U**nfamiliar 2. **C**ages 3. **K**elly 4. **O**nset 5. **O**n the map

E. Its title comes from an old nursery rhyme   1. **S**erf 2. **N**ortherly 3. **E**conomist 4. **S**ummary 5. **T**ilde

MOVIES 9 – Oscar Winner : Forrest Gump

A. The film made use of several CGI techniques   1. **O**mega 2. **S**hiest 3. **C**liques 4. **A**chievement 5. **R**uffled

B. Robin Wright plays Jenny Curran   1. **W**arbly 2. **I**njury-prone 3. **N**arcs 4. **N**ight

C. Robert Zemeckis was the film's director   1. **E**mbolisms 2. **R**ackets 3. **F**etch 4. **O**rtiz 5. **R**ewired

D. Tom Hanks stars in the title role   1. **R**iskiest 2. **E**than 3. **S**almon 4. **T**hrottle

E. Gary Sinise plays amputee Dan Taylor   1. **G**ape 2. **U**nsaid 3. **M**ary Tyler 4. **P**assionately

MOVIES 10 – Titanic by James Cameron

A. Kathy Bates is "The Unsinkable Molly Brown"   1. **T**himbles 2. **I**nkblots 3. **T**hank you 4. **A**brase 5. **N**ewly

B. Eric Braeden is wealthy John Astor   1. **I**n the joint 2. **C**harades 3. **B**owler 4. **Y**ears

C. Rose and Jack meet aboard the ship   1. **J**ack Horner 2. **A**bashed 3. **M**att 4. **E**pisode

D. The film earned a Best Picture Oscar   1. **S**pherical 2. **C**onfuse 3. **A**rbitrate 4. **M**eted

E. James Horner wrote the score   1. **E**jector 2. **R**ams 3. **O**thers 4. **N**owhere

Solutions For Geography Puzzles 1 - 5

GEOGRAPHY 1 – Landmarks of America

A. Cape Kennedy lies in Florida

1. **L**ikened   2. **A**pril   3. **N**osy   4. **D**efiance

B. Missouri is known for the Gateway Arch

1. **M**essy   2. **A**uthentic   3. **R**igor   4. **K**now-how   5. **S**afari

C. The Hoover Dam is found in Nevada

1. **O**verdue   2. **F**ashion   3. **A**t hand   4. **M**oved in

D. The Golden Gate Bridge is in California

1. **E**ngage   2. **R**ebid   3. **I**nstilling   4. **C**haired   5. **A**foot

GEOGRAPHY 2 – The African Continent

A. Victoria Falls is a Wonder of the World

1. **T**orrid   2. **H**alf-wits   3. **E**ncore   4. **A**voids   5. **F**allow

B. Algeria occupies the most land area

1. **R**otate   2. **I**mpulse   3. **C**aged   4. **A**erial   5. **N**achos

C. The Tropic of Cancer crosses Mauritania

1. **C**orrect   2. **O**strich   3. **N**efarious   4. **T**ampa   5. **I**n case

D. Cape Town is found on Table Bay

1. **N**oisy   2. **E**bb and flow   3. **N**ATO   4. **T**eacup

GEOGRAPHY 3 – Countries of South America

A. The Inca Trail of Peru leads to Machu Picchu

1. **C**atapult   2. **O**ccur   3. **U**p ahead   4. **N**ihilism   5. **T**he Force

B. Brazil covers nearly half of the continent

1. **R**ely   2. **I**nfant   3. **E**ncroach   4. **S**olvable   5. **O**n the fritz

C. Earthquakes occur often in Chile

1. **F**act-check   2. **S**equin   3. **O**riole   4. **U**nearth

D. The Tango came from Argentina

1. **T**angent   2. **H**omer   3. **A**frica   4. **M**ontage

E. The Galapagos Archipelago is in Ecuador

1. **E**gregious   2. **R**ogan   3. **I**deas   4. **C**loth   5. **A**ppalachia

GEOGRAPHY 4 – Commonwealth of Australia

A. Animals there include wombats and koalas

1. **C**hunks   2. **O**il and water   3. **M**alt   4. **M**aladies   5. **O**n base

B. It was previously known as New Holland

1. **N**ewsworthy   2. **W**alk-on   3. **E**nvision   4. **A**lps   5. **L**aud

C. It is the location of the Great Barrier Reef

1. **T**erritories   2. **H**eighten   3. **O**ctober   4. **F**ile   5. **A**rafat

D. Eucalyptus trees are plentiful

1. **U**seful   2. **S**pecialty   3. **T**aunter   4. **R**epel

E. Most residents live near the coast

1. **A**theists   2. **L**ooser   3. **I**nvestment   4. **A**rced

GEOGRAPHY 5 – European Capital Cities

A. Bucharest lies in southern Romania

1. **E**nrich   2. **U**nanimous   3. **R**ash   4. **O**bliterates

B. Paris, France is found on the Seine

1. **P**hrase   2. **E**fficient   3. **A**donis   4. **N**eurons

C. Copenhagen is in eastern Denmark

1. **C**anoes   2. **A**dheres   3. **P**ermanent   4. **I**nking

D. Lisbon, Portugal lies along the Atlantic

1. **T**rios   2. **A**lto   3. **L**aughable   4. **C**ollapsing   5. **I**ntent

E. Vienna, Austria sits on the Danube

1. **T**reed   2. **I**nhabitant   3. **E**nvious   4. **S**aunas

Solutions For Science Puzzles 1 - 5

SCIENCE 1 – The Circulatory System

A. It contains the heart and all blood vessels   1. **T**hreat 2. **H**olds 3. **E**vasion 4. **C**onstable 5. **I**nstalled

B. Blood is carried to the heart through veins   1. **R**obot 2. **C**heer 3. **U**ndershoot 4. **L**avished 5. **A**irtight

C. Tiny capillaries deliver oxygen to cells   1. **T**onic 2. **O**scillate 3. **R**elaxed 4. **Y**elping 5. **S**ilvery

D. The aorta is the main and largest artery   1. **Y**ard sale 2. **S**ahara 3. **T**ote 4. **E**ntrant 5. **M**ightier

SCIENCE 2 – Most Famous Scientists

A. Thomas Edison won a Nobel Prize for Physics   1. **M**obile 2. **O**wnership 3. **S**ynchronize 4. **T**apas 5. **F**oods

B. Marie Curie developed cancer treatments   1. **A**ccredit 2. **M**eander 3. **O**vertime 4. **U**nclear 5. **S**teep

C. Isaac Newton discovered the Laws of Motion   1. **S**howdown 2. **C**oated 3. **I**nformative 4. **E**lastic 5. **N**ose

D. Einstein gave us his Theory of Relativity   1. **T**hievery 2. **I**n favor 3. **S**ilhouette 4. **T**ies 5. **S**aying

SCIENCE 3 – What is Photosynthesis?

A. Released oxygen is the air that we breathe   1. **W**eight 2. **H**ere and there 3. **A**lexa 4. **T**erse 5. **I**t's a boy

B. This is a process performed by all plants   1. **S**cramble 2. **P**ilfer 3. **H**andily 4. **O**ppress 5. **T**oasts

C. It changes sunlight into chemical energy   1. **O**n sight 2. **S**lice 3. **Y**amaguchi 4. **N**eglect 5. **T**hinner

D. Carbon dioxide turns into carbohydrates   1. **H**ybrid 2. **E**xtraction 3. **S**oda 4. **I**ncubator 5. **S**nored

SCIENCE 4 – Planets of Our Solar System

A. Jupiter is larger than all others combined   1. **P**rejudice 2. **L**obos 3. **A**stir 4. **N**ightmare 5. **E**nthrall

B. Saturn is famous for its spectacular rings   1. **T**urf 2. **S**mart as 3. **O**riginal 4. **F**issures 5. **O**ccupants

C. Pluto is tinier than Earth's moon   1. **U**ntil 2. **R**hone 3. **S**hania 4. **O**ptometrist

D. Venus is our closest planetary neighbor   1. **L**esion 2. **A**nchors 3. **R**eputable 4. **S**trives 5. **Y**oung

E. Mercury is the nearest to the sun   1. **S**tatin 2. **T**ruther 3. **E**yesore 4. **M**unches

SCIENCE 5 – Common Chemical Compounds

A. Table salt comes from sodium chloride   1. **C**old 2. **O**odles 3. **M**ischief 4. **M**arble 5. **O**utsmart

B. Baking soda is sodium hydrogen carbonate   1. **N**airobi 2. **C**ustody 3. **H**eadboards 4. **E**king 5. **M**angos

C. We call nitrous oxide Laughing Gas   1. **I**n the wild 2. **C**arols 3. **A**nxious 4. **L**uggage

D. Calcium carbonate produces limestone   1. **C**leat 2. **O**ccurrence 3. **M**alta 4. **P**oised 5. **O**mnibus

E. Dry ice turns into carbon dioxide gas   1. **U**nibody 2. **N**orris 3. **D**etoxicated 4. **S**caring

Solutions For Sports Puzzles 1 - 5

SPORTS 1 – National Hockey League

A. A "Hat Trick" is when a player scores thrice   1. **N**ash   2. **A**whirl   3. **T**eary   4. **I**ce pick   5. **O**rchestrates

B. The Stanley Cup goes to playoff champions   1. **N**otes   2. **A**ppliances   3. **L**egacy   4. **H**umpty   5. **O**ffshoot

C. Wayne Gretzky earned many scoring titles   1. **C**artridges   2. **K**notting   3. **E**nzyme   4. **Y**arns   5. **L**eeway

D. Guy Lafleur was a Montreal superstar   1. **E**lates   2. **A**rmor   3. **G**rasp   4. **U**nlawful   5. **E**stuary

SPORTS 2 – MLB Professional Baseball

A. Pete Rose has played in the most MLB games   1. **M**ethane   2. **L**osses   3. **B**lemished   4. **P**otty   5. **R**ampage

B. Rickey Henderson stole a lot of bases   1. **O**n the docket   2. **F**earless   3. **E**bony   4. **S**ailors

C. The Hall of Fame is located in Cooperstown   1. **S**eattle   2. **I**dioms   3. **O**ff chance   4. **N**orth Pole   5. **A**WOL

D. Hank Aaron holds the record for RBI's   1. **L**ock horns   2. **B**roader   3. **A**fire   4. **S**horthand

E. The World Series takes place in October   1. **E**pcot   2. **B**erries   3. **A**rtichokes   4. **L**aden   5. **L**owest

SPORTS 3 – Renowned Basketball Players

A. Wilt Chamberlain was once a Globetrotter   1. **R**otator   2. **E**wing   3. **N**imblest   4. **O**racle   5. **W**atchable

B. Charles Barkley is a host of "Inside The NBA"   1. **N**oah's   2. **E**bay   3. **D**efines   4. **B**lack holes   5. **A**rthritis

C. Kobe Bryant was a Laker for twenty seasons   1. **S**wear   2. **K**nown as   3. **E**nable   4. **T**oy Story   5. **B**reakfast

D. Bill Russell was a Celtics player and coach   1. **A**ccidents   2. **L**ara   3. **L**eash   4. **P**ublicly   5. **L**ower class

E. Yao Ming played eight seasons as a Rocket   1. **A**mong   2. **Y**ankee   3. **E**gotistical   4. **R**hapsody   5. **S**eas

SPORTS 4 – The Career of Michael Jordan

A. He played thirteen seasons for Chicago   1. **T**hroaty   2. **H**oping   3. **E**ncloses   4. **C**heese   5. **A**fraid

B. One time, he retired to be a baseball player   1. **R**ed tape   2. **E**laborate   3. **E**mbellish   4. **R**etina   5. **O**bey

C. One of his many nicknames was "His Airness"   1. **F**amines   2. **M**issionary   3. **I**nsane   4. **C**hosen   5. **H**awks

D. He played himself in "Space Jam"   1. **A**mplify   2. **E**mphases   3. **L**ichen   4. **J**ade

E. His final NBA game was in Two Thousand Three   1. **O**btains   2. **R**aw fish   3. **D**owning   4. **A**t the helm   5. **N**ausea

SPORTS 5 – The Best NFL Football Players

A. Tom Brady has already won seven Super Bowls   1. **T**russ   2. **H**allows   3. **E**verybody   4. **B**andana   5. **E**mpowers

B. Dick Butkus was a linebacker for the Bears   1. **S**habbier   2. **T**ick-tock   3. **N**ewsbreak   4. **F**euds   5. **L**aura

C. Joe Montana won Super Bowls as a Forty Niner   1. **F**awns   2. **O**perator   3. **O**n your own   4. **T**ales   5. **B**enjamins

D. Lawrence Taylor "LT" played for the NY Giants   1. **A**rtifacts   2. **L**engthy   3. **L**ean toward   4. **P**rey   5. **L**onely

E. Eli and Peyton Manning were quarterbacks   1. **A**cquire   2. **Y**anking   3. **E**ndowment   4. **R**eplant   5. **S**aber

Solutions For History Puzzles 1 - 5

HISTORY 1 – Declaration of Independence

A. It was made during the American Revolution   1. **D**airies 2. **E**uro 3. **C**airn 4. **L**udwig van 5. **A**t the moment

B. It guaranteed equal rights for all people   1. **R**eapplied 2. **A**fghan 3. **T**orque 4. **I**llustrate 5. **O**gle

C. The American Founding Fathers signed it   1. **N**ature 2. **O**rdain 3. **F**enced 4. **I**mages 5. **N**ight shift

D. The colonies wanted to escape British rule   1. **D**etour 2. **E**cstatic 3. **P**hils 4. **E**isenhower 5. **N**otable

E. Two of the signers later became president   1. **D**ata 2. **E**ntitle 3. **N**eighbor 4. **C**row's-feet 5. **E**mpress

HISTORY 2 – Biggest Events of World War II

A. It all began after Germany invaded Poland   1. **B**rady 2. **I**nflamed 3. **G**inned 4. **G**allant 5. **E**vaporate

B. The Allies led a huge invasion at Normandy   1. **S**had 2. **T**hailand 3. **E**laine 4. **V**intage 5. **E**normously

C. Japan attacked the U.S. Fleet at Pearl Harbor   1. **N**ether 2. **T**abulate 3. **S**pattered 4. **O**'hara 5. **F**lapjack

D. France and the U.K. declared war on Germany   1. **W**reck 2. **O**n the fence 3. **R**amada 4. **L**aundry 5. **D**anger

E. The Americans won the epic battle of Midway   1. **W**o Fat 2. **A**lphabet 3. **R**ecommend 4. **I**ciest 5. **I**n the way

HISTORY 3 – American Civil War Figures

A. Sideburns are named for Ambrose Burnside   1. **A**buses 2. **M**arooned 3. **E**rrands 4. **R**efunds 5. **I**mbiber

B. Abraham Lincoln issued "The Emancipation"   1. **C**ombed 2. **A**nnihilation 3. **N**asal 4. **C**haste 5. **I**mpure

C. Robert Edward Lee was raised in Virginia   1. **V**arieties 2. **I**nward 3. **L**anes 4. **W**orried 5. **A**bridge

D. Frederick Douglass was a statesman   1. **R**aw deal 2. **F**easts 3. **I**ntroduces 4. **G**as mask

E. Ulysses S. Grant became president   1. **U**sed 2. **R**eplaces 3. **E**mbassy 4. **S**tringent

HISTORY 4 – Great Explorers of the World

A. Magellan discovered the Philippines   1. **G**lee 2. **R**ichmond 3. **E**lvis 4. **A**pplied 5. **T**hespian

B. Marco Polo led many expeditions to the east   1. **E**mote 2. **X**ylophone 3. **P**itted 4. **L**ate 5. **O**scar Madison

C. America is named after Amerigo Vespucci   1. **R**avine 2. **E**maciated 3. **R**ummage 4. **S**pecific 5. **O**ars

D. Da Gama was the first to reach India by sea   1. **F**antasia 2. **T**idy 3. **H**ead case 4. **E**mbargo 5. **W**raiths

E. Ponce De Leon was also a conquistador   1. **O**paqueness 2. **R**aces 3. **L**ocation 4. **D**ownload

HISTORY 5 – The Life of Queen Elizabeth II

A. She married Philip at Westminster Abbey   1. **T**empe 2. **H**ardware 3. **E**mpties 4. **L**abyrinths 5. **I**bis

B. She followed the rules of royal etiquette   1. **F**oiled 2. **E**lwes 3. **O**thello 4. **F**ourth Estate 5. **Q**uery

C. Her reign endured more than seventy years   1. **U**nser 2. **E**ndorse 3. **E**verything 4. **N**ader 5. **E**rythema

D. She was recognized as an iconic celebrity   1. **L**ess 2. **A**cceding 3. **B**aywatch 4. **I**cier 5. **Z**eroes in on

E. She presided over fifteen prime ministers   1. **E**ndive 2. **T**errifies 3. **H**opper 4. **I**nfests 5. **I**mmersed

Solutions For Literature Puzzles 1 - 5

LITERATURE 1 – Harry Potter Fantasy Novels

A. Each book tells a tale of magic and wizardry   1. **H**alf-cocked 2. **A**mazing 3. **R**owboat 4. **R**adiate 5. **Y**ells

B. The title character is a pupil at Hogwarts   1. **P**araphrase 2. **O**utlast 3. **T**witch 4. **T**iger 5. **E**thical

C. Everyone is afraid of Dark Lord Voldemort   1. **R**evoked 2. **F**lared 3. **A**dvisor 4. **N**adir 5. **T**omfoolery

D. Joanne Kathleen Rowling wrote each story   1. **A**rgentina 2. **S**hore 3. **Y**ellowjacket 4. **N**oth 5. **O**wner

E. The series includes seven parts   1. **V**ines 2. **E**dits 3. **L**eprechauns 4. **S**teers

LITERATURE 2 – Famous Works of Shakespeare

A. One of the most popular plays is "Hamlet"   1. **F**rosty 2. **A**ppellate 3. **M**oist 4. **O**omph 5. **U**nleash

B. "The Merchant of Venice" owes Shylock   1. **S**afe 2. **W**hich 3. **O**n the move 4. **R**ecycle 5. **K**nots

C. "Macbeth" receives a prophecy from witches   1. **S**crap 2. **O**vercome 3. **F**iche 4. **S**ympathetic 5. **H**ebrew

D. "King Lear" does not have a male heir   1. **A**gile 2. **K**atherine 3. **E**ndeavor 4. **S**halom

E. The location for "The Tempest" is an island   1. **P**olish 2. **E**lfin 3. **A**ttends 4. **R**eattach 5. **E**motions

LITERATURE 3 – The Best Books by Stephen King

A. "Carrie" was the first novel he published   1. **T**rivial 2. **H**ush 3. **E**scrow 4. **B**riefed 5. **E**lephants

B. "Cujo" tells the tale of a rabid Saint Bernard   1. **S**erif 2. **T**arantula 3. **B**ald 4. **O**n the rails 5. **O**bjected

C. "The Shining" became a Stanley Kubrick movie   1. **K**eith Urban 2. **S**alve 3. **B**iking 4. **Y**eomen 5. **S**chematic

D. "The Dead Zone" was adapted into a thriller   1. **T**anzania 2. **E**dited 3. **P**lethora 4. **H**ostel 5. **E**dward

E. "The Green Mile" story takes place in a prison   1. **N**ecessary 2. **K**ite 3. **I**mpersonal 4. **N**olte 5. **G**raphite

LITERATURE 4 – Several World Famous Writers

A. "Oliver Twist" is a Charles Dickens classic   1. **S**tirs 2. **E**cclesiastic 3. **V**alid 4. **E**lon 5. **R**ickshaws

B. Ernest Hemingway wrote "A Farewell to Arms"   1. **A**wesome 2. **L**etterman 3. **W**arfare 4. **O**wens 5. **R**ightly

C. Ian Fleming introduced us to spy James Bond   1. **L**isbon 2. **D**angerous 3. **F**ined 4. **A**djustment 5. **M**yopic

D. Samuel Langhorne Clemens was Mark Twain   1. **O**n the lam 2. **U**nlearn 3. **S**lacks 4. **W**igwam 5. **R**enames

E. "Pride and Prejudice" is a Jane Austen novel   1. **I**n love 2. **T**epid 3. **E**scapade 4. **R**einjured 5. **S**an Juan

LITERATURE 5 – A Few Science Fiction Writers

A. A Mars crater was named for Isaac Asimov   1. **A**cademic 2. **F**avors 3. **E**ars 4. **W**orms 5. **S**anta Maria

B. An asteroid is named after Arthur C. Clarke   1. **C**amels 2. **I**n the dark 3. **E**urostar 4. **N**AFTA 5. **C**arried

C. "The Time Machine" is a classic of H. G. Wells   1. **E**nigma 2. **F**oals 3. **I**cicles 4. **C**lashes with 5. **T**hem

D. Ray Bradbury wrote "The Illustrated Man"   1. **I**terate 2. **O**dds 3. **N**aturally 4. **W**armth 5. **R**ubbery

E. Jules Verne told us stories of Captain Nemo   1. **I**njustice 2. **T**ournament 3. **E**vades 4. **R**olle 5. **S**poofs

Solutions For Music Puzzles 1 - 5

MUSIC 1 – Popular Bands of the Eighties

A. "The One That You Love" was sung by Air Supply   1. **P**lights 2. **O**utbursts 3. **P**hooey 4. **U**neven 5. **L**ayaway

B. A big hit from The Bangles was "Eternal Flame"   1. **A**ffable 2. **R**elease 3. **B**ows 4. **A**rmament 5. **N**ight-light

C. Styx is famous for "Too Much Time On My Hands"   1. **D**ames 2. **S**ummations 3. **O**xymorons 4. **F**ifth 5. **T**ouchy

D. "Cold As Ice" was a top ten hit by Foreigner   1. **H**ospital 2. **E**bert 3. **E**nforce 4. **I**ndicts 5. **G**o away

E. Journey gave us the song "Don't Stop Believin'"   1. **H**enry Jones 2. **T**oboggan 3. **I**nputs 4. **E**volve 5. **S**uited

MUSIC 2 – The Best Songs of the Nineties

A. Toni Braxton recorded "Unbreak My Heart"   1. **T**rounced 2. **H**onorary 3. **E**mbark 4. **B**raid 5. **E**xtent

B. Aerosmith gave us "I Don't Want to Miss a Thing"   1. **S**aving Time 2. **T**oad 3. **S**orts 4. **O**n a whim 5. **N**aughtiest

C. One of Mariah Carey's greatest hits was "Hero"   1. **G**ametes 2. **S**eashore 3. **O**rrin Hatch 4. **F**airway 5. **T**oes

D. Celine Dion released "My Heart Will Go On"   1. **H**omeward 2. **E**lection 3. **N**erdy 4. **I**llegal 5. **N**oise

E. Britney Spears debuted "Baby One More Time"   1. **E**mbroidery 2. **T**sar 3. **I**mputed 4. **E**ntebbe 5. **S**oybean

MUSIC 3 – Top Selling Albums of all Time

A. Pink Floyd gave us "The Dark Side of the Moon"   1. **T**akes 2. **O**ffhanded 3. **P**rovoked 4. **S**houting 5. **E**mily

B. The Eagles recorded "Hotel California"   1. **L**eather 2. **L**eader 3. **I**ce floes 4. **N**ORAD 5. **G**othic

C. "The Bodyguard" featured songs from the film   1. **A**ffirms 2. **L**ethargy 3. **B**ought 4. **U**nderfed 5. **M**odesto

D. The debut of Meat Loaf was his "Bat Out of Hell"   1. **S**outh 2. **O**ff the wall 3. **F**ibbed 4. **A**utomates 5. **L**oathe

E. "Saturday Night Fever" went multi-platinum   1. **L**atter 2. **T**rust fund 3. **I**n view 4. **M**auling 5. **E**mpathy

MUSIC 4 – Grammys : Song of the Year Award

A. "Stay With Me" was a huge hit for Sam Smith   1. **G**ymnast 2. **R**eseal 3. **A**weigh 4. **M**outhwash 5. **M**isfits

B. Lady Antebellum's smash hit was "Need You Now"   1. **Y**ellen 2. **S**towaway 3. **S**hames 4. **O**utlandish 5. **N**umbed

C. "That's What I Like" was a song from Bruno Mars   1. **G**awkish 2. **O**ut on a limb 3. **F**arr 4. **T**ows 5. **H**arassment

D. Amy Winehouse released the single "Rehab"   1. **E**aten 2. **Y**ellowish 3. **E**mbed 4. **A**nguish 5. **R**ehearse

E. New Zealand singer Lorde recorded "Royals"   1. **A**nderson 2. **W**izardry 3. **A**llergen 4. **R**oles 5. **D**ecode

MUSIC 5 – Michael Jackson's Thriller

A. It became the best-selling album of all time   1. **M**ens 2. **I**llegitimate 3. **C**obbles 4. **H**alf 5. **A**mbulette

B. "Billie Jean" and "Beat It" reached number one   1. **E**ither 2. **L**umber 3. **J**eanne 4. **A**ble-bodied 5. **C**antina

C. It sold faster after he Moonwalked   1. **K**ilometer 2. **S**watted 3. **O**ffshore 4. **N**adal

D. One single was "Wanna Be Startin' Somethin'"   1. **S**wan songs 2. **T**enable 3. **H**ints 4. **R**owe 5. **I**nanimate

E. It produced several top singles   1. **L**opped 2. **L**ists 3. **E**ncouraged 4. **R**ivets

Made in the USA
Coppell, TX
02 August 2023

19884558R00037